愛と勇気のジャーナリズム

「ソクラテス的人間」を目指して

「ザ・リバティ」編集長
HSUビジティング・プロフェッサー
綾織次郎 編著

発刊によせて

「現実の政治は、もはや三権分立にはなっていない。少なくとも、憲法には明記されていない権力が明らかに存在する」ということです。その権力の一つは『マスコミ権力』です。これは、かつては第四権力と言われていたものですが、今では現実的には第一権力であると言われています」

大川隆法総裁は『政治に勇気を』で、こう指摘している。

かつては「社会の木鐸《ぼくたく》」とさえ言われたマスコミ、ジャーナリズムだが、その反面で、立法、司法、行政の三権を凌ぐ「第一権力」として、現代の日本において、長らく巨大な社会的、国家的影響力を持ち続けてきた。

そして、その影響力の巨大さゆえに、一旦暴走すると取り返しがつかなくなるケースも多い。

昨今明らかになった、左翼ジャーナリズムによる南京大虐殺や従軍慰安婦に関する捏造・誤報記事、それに影響された「河野談話」「村山談話」等の問題はその一例で、一つ間違えば国家百年の計を誤らせることにもなる。

それだけではない。戦後の左翼教育やマスコミによって国民の心に深く植え込まれた自虐史観は、日本の国家としての誇りを取り戻そうとするさまざまな人びとの願いや努力を踏みにじってきた。

しかし、真のジャーナリズムは本来、善なるものである。真理に裏打ちされたジャーナリズムであれば、社会や国家、さらには国際社会に貢献し、人間の幸福を大きく増進させる〝光の武器〟となるはずだ。

そんな理想のマスメディアとは何か。社会の、国家の、人類の未来を創造するジャーナリズムとはいかなるものであるべきか――。ここに、綾織次郎、村上俊樹といった気鋭の筆者らとともに考え、新しい真理ジャーナリズムを創っていっていただきたいと心より思います。

二〇一六年三月一日

ハッピー・サイエンス・ユニバーシティ　ビジティング・プロフェッサー 兼

幸福の科学シニア事業室長

森香樹

まえがき

二〇一六年四月から、ハッピー・サイエンス・ユニバーシティ（以下、ＨＳＵ）で、新しく未来創造学部が開設されます。この中に政治・ジャーナリズム専攻コースがあり、本書はジャーナリズム論のテキストの一つとなります。

二〇一六年は、ＨＳＵ創立者であり、幸福の科学グループ創始者でもある大川隆法総裁の「法シリーズ」最新刊として『正義の法』が発刊されています。同書をもとに「ジャーナリズムの正義」について解説したものが本書であると言ってよいと思います。

大川総裁は、現代とこれからの時代において個人や社会にとって何が正しいのかというモノサシ、価値基準を説き続けています。ジャーナリズムはすべての事象を扱いますので、本来ならば、「ジャーナリズムの正義」の探究のためには大川総裁のすべての著作が「参考書」となります。

ただ、「それをまずは全部読んでください」では身もふたもないので、本書では二千冊以上ある大川総裁の著作から、特に、理想的なジャーナリズムをつくり出していく上で必要な考え方、理念となるものを整理しました。

第三章の冒頭部分で現代のジャーナリズムの問題点について触れていますが、続編の『愛と勇気のジャーナリズムⅡ【マスコミ改革編】（仮題）』ではその一つひとつ掘り下げ、マスコミ改革の方向性について考えていきたいと思います。

本書はジャーナリズムの理想について探究したものなので、ジャーナリズムの世界を目指す方、現にそうした仕事に関わっている方にとって「志」を問い直すものになると思います。

また、マスコミやインターネットに日々触れながら生きている私たちがそうした情報に振り回されない視点を、本書で見つけられるかもしれません。情報の洪水に簡単に流されないモノサシを自分の中に育てていくところに、幸福な人生、幸福な社会が開けてくると考えます。ジャーナリズムを目指す方でなくても、自分自身の「未来創造」の一環として、本書をお読みくだされぱと思います。

この場を借りまして、「未来創造学」という新しい学問を構想し、日々ご指導くださっている大川総裁に心より感謝申し上げます。

また、編集にあたっては、村上俊樹さんをはじめＨＳＵ出版会のみなさん、「ザ・リバティ」編集部の只木友祐さんに尽力いただきました。本当にありがとうございました。

二〇一六年三月一日

「ザ・リバティ」編集長

ハッピー・サイエンス・ユニバーシティ　ビジティング・プロフェッサー

綾織次郎

目次

目次

第四章

宗教ジャーナリズムの使命
――大川隆法総裁の言論力……綾織次郎

※文中、特に著者名を明記していない書籍については、原則、大川隆法著となります。

第一章

「正義」を探究するジャーナリズム

ソクラテス的人間になるということ

綾織次郎

1. 人間の幸福とジャーナリズム

◆ジャーナリズム研究の現状

ジャーナリズムに関する研究というと、どのようなものがあるでしょうか。

アメリカではジャーナリズム研究が盛んだとされ、「ジャーナリズム論」や「ジャーナリズム学」といった分野があることはあります。しかし、その内容を見ると、理論的にそれほど確固としたものではありません。日本の「新聞学」や「ジャーナリズム学」もアメリカから輸入したもので、やはり学問的に確立されているとは言えません。

すでにあるものとしては、左翼的なジャーナリズム論が主流であり、「市井の立場に立って、市民の権利を守るべく国家権力を監視・批判する」という、比較的シンプルな内容です。それ以上に深く考察することなく、この考えに沿って活動しているのが既存のジャーナリズムだという印象を受けます。

そうした現状の中で、ＨＳＵの未来創造学部の「政治・ジャーナリズム専攻コース」で研究すべきジャーナリズム論とはいかなるものか、これまでのジャーナリズム論との違いも含めて考えていきたいと思います。

ＨＳＵで研究している人間幸福学は「人間の幸福」を神仏の観点から考え、実現していこうという学問ですが、未来創造学はそこから派生します。未来創造学は、法律や政治、経済、ジャーナリズムなどについて、どうすれば人々が幸福になり、どうすれば繁栄する未来社会を構築できるかを研究するものです。

また、ＨＳＵの未来創造学部には、「芸能・クリエーター部門専攻コース」もあり、スター養成や映画製作など、広く世の中に与える影響力を研究する新しい学問を創ろうとしています。

未来創造学の中でのジャーナリズム論の位置づけについて、大川隆法総裁の言葉をヒントに考えてみましょう。

「言論の自由」「表現の自由」「出版の自由」等についても、「民主主義を支えるために、非常に大事なものである」という言い方がされます。もちろん、そういう面もあるとは思いますが、はたして、それを無前提に受け入れてよいものかどうかについては疑問があります。やはり、マスコミからのさまざまなニュースや記事等も、その内容の質によっては毒水に変わって、世の中を汚染しているものもあり、必ずしも民主社会を前進するとは言えないものもあるはずだからです。

それでは、何が、民主主義社会をより健全にし、前進させるものとなり、何がそうならないのでしょうか。これも、やはり、「人間幸福学」という観点から、「表現の自由」「言論の自由」「出版の自由」、あるいは、「学問の自由」も含めて、もう一度、検証してみる必要があるのではないかと思います。

『「人間幸福学」とは何か』三一～三三ページ

「言論の自由」「出版の自由」など、マスコミやジャーナリズムに関わるものとして非常に重視されている「自由」ですが、人間の幸福という観点から検証されなければなりません。大きくとらえるなら、それは人間幸福学の研究対象と言えるかもしれませんが、具体的には人間幸福学の展開である未来創造学が詳細に検討することになります。

一般的な「ジャーナリズム」の定義も確認しておきましょう。早稲田大学ジャーナリズム教育研究所編『レクチャー 現代ジャーナリズム』には、「『ジャーナル』という言葉はもともとフランス語の『日記』から来ていると言われるが、そこから定期的刊行物を指すようになった」とあります。

また、「ジャーナリズム」の辞書的な意味としては「時事的な情報や意見をマス・メディアを通じて大衆に伝達する活動をいう。歴史的には新聞や雑誌などの定期刊行物が中核的なメディアだが、現代ではラジオ、テレビジョンも中心的な役割を担っている」（百科事典マイペディア）ということになります。近年ではネットを通じたメディアも発達しているので、それらも加えるべきでしょう。

時事的な情報、つまり、報道、意見、解説、評論といったものが、さまざまなメディアを通じて伝達されています。それがジャーナリズムです。大川総裁は、これらを「人間の幸福」という観点から検証する必要があると説いているわけです。

◆ジャーナリズムには聖なる使命がある

最近では、マスコミやジャーナリズムの評判はあまりよくありません。「マスゴミ」などと揶揄《やゆ》されることもあるほどです。以前のメディアの世界は、新聞や雑誌、テレビなどにより、ある意味で独占・寡占《かせん》状態にありました。それらの大マスコミが発表する意見に対しても一定の信頼が寄せられていたのです。

しかし、やがてネットメディアが登場し、それらを中心に既存メディアに対する批判が起こるようになります。大マスコミが提示する正義への疑いが生じ、その結果として、マスコミ全般の信頼も揺らいでいるのが現状です。「マスコミは特別ではない」「ジャーナリズムの使命などあるものか」という意見もあり、ジャーナリズムの権威が低下しているのです。

ジャーナリズムの権威低下については本書の続編でくわしく検証しますが、本書では、「やはり、ジャーナリズムには重要な役割がある」という立場に立って議論を展開していきます。むしろさらに踏み込んで、「世の中に対する影響力からして、ジャーナリズムは極めて重要であり、聖なる使命を負っている」という立場で考えていきたいのです。

一つ付言しておきたいことがあります。先ほども触れたように、現在はマスコミだけがジャーナリズムを担う時代ではなくなっています。ネットを通じて個人の意見や論評を発するのが当たり前になっているからです。職業として直接的に携わる人以外であっても、ジャーナリズム論を学ぶことで、世の中に影響を与え、よい方向に導いていく働きをすることができます。したがって、このジャーナリズム論は、何かしらの情報や意見を発信する立場にあるすべての人を対象とするものと言ってよいと思います。

2. 真実を探究する

◆ジャーナリズムの使命①——客観報道

ジャーナリズムの使命・役割として、第一に「世の中で起きていることを正しく伝えること」が挙げられます。よく「客観報道」と言われますが、言い換えれば事実あるいは真実の探究です。これが重要だというのは確かにその通りです。

歴史上はじめて登場したジャーナリストは、古代ギリシャのトゥキディデス（紀元前五世紀）だと言われています。同時代のペロポネソス戦争をまさにジャーナリスティックにレポートし、『戦史』という書物を著しました。それまでの古代ギリシャでは、歴史を物語や詩のような形式で書くことが一般的だったのですが、客観的に、「いつどこで何が起こった」「このような戦いがあった」「誰それが勝った」「何が要因だったのか」というレポートを現代に遺してくれたのです。これは、ジャーナリズムの出発点の一つでしょう。

もう少し時代をくだると、紀元前五〇年代、ローマの将軍ユリウス・カエサルがガリア戦争を戦った際、本国に書き送った報告書があります。現在の「官報」のはしりとも「ニュース」の原型とも言われています。このように、古代においても客観報道は存在しましたし、もちろん、近代でもより発展した形式で行われました。

近代においては、イギリスやアメリカを中心にジャーナリズムが発展しました。近代ジャーナリズム論でも、いろいろな議論がなされています。例えば、ピューリッツァー賞を受賞したアメリカの言論人、ジャック・フューラー氏は「ニュース」を定義して「ある報道機関が対象とする特定の共同体にとって、重要であるか、あるいは関心のある出来事について、その報道機関が新たに知ったことの報告である」と語っています。

フューラーは、報道機関やその受け手（読者や視聴者）にとって重要か、関心があるかという観点でニュースを定義しています。しかし、もし関心があるかどうかだけにポイントを絞ると、興味本位に流れてしまう恐れもあります。ややもすれば週刊誌的なゴシップネタ（それ自体が悪いわけではありませんが）、娯楽やスポーツなど、そのときに大衆の関心があることだけを伝えればジャーナリズムが成り立ってしまいます。

しかし、やはり「重要なことを伝える」「その時点では読者に関心がなくても、人生や社会にとって重要なこと、人々の幸福を左右するものを伝える」という姿勢が、ジャーナリズムには含まれているはずです。

よく言われる「知る権利」もここに関わっています。「知る権利」とは、国民が政治や行政などについての情報を入手できる権利のことで、ジャーナリズムやマスコミの世界では非常に重視されています。それは国民主権の基盤であり、「言論の自由」や「報道の自由」によって保障されるとされます。ジャーナリズムには人間の幸福に奉仕する役割があると述べましたが、国民には、単に興味があることではなく、政治や行政などに関することはもちろん、自らの幸福にとって重要なことを知る権利があり、メディアはそれに応えなければなりません。

さらに本質的なことを言うとすれば、「知る権利」の中には「人間の本質を知る権利」があると言えるでしょう。これは宗教的な視点です。

「本来の世界を知りたい」と思うのは人間として当然のことです。本当の知る権利とは、あの世を知る権利であり、「人間の本質を知りたい」という権利です。「死後、いったい、どこへ行き、どのような生活が待ち受けているのか」ということを知らなかったら、この人生をどう生きればよいかが分からないではありませんか。「それをこそ知りたい」と思うのが普通の人間なのです。（中略）

本来、宗教とは、「いちばん大切なもの」であり、また、「いちばん大切なこと

を教えるもの」なのです。これは非常に大事なものなのですが、現代人の多くは、そのことを忘れています。

『発展思考』二一八〜二一九ページ

本書では、宗教的な観点からのジャーナリズム論を展開していますから、本当の知る権利、人間の本質を知る権利は非常に重要なポイントであることを押さえておきたいと思います。

◆ジャーナリズムの使命②——権力の監視・批判

一般的に、ジャーナリズムの使命として、「権力を監視する」「権力を批判する」ということも強調されます。

例えば、フランスの政治思想家で、アメリカの民主主義をレポートしたトクヴイルは、著書『アメリカのデモクラシー』でメディアの役割について語っています。

自由を標榜しながらある種の国では、抑圧を受けた者が裁判に訴える権利が憲法で保障されず、権力の個々の機関が法を犯しても罰せられないことがある。このような国民にあっては、新聞の独立は単に一つの保障ではなく、市民の自由と安全に残された唯一の保障と考えねばならない。

『アメリカのデモクラシー 第一巻（下）』二四ページ

これは、「国家権力によって国民の権利が抑圧され、その権利が保障されていないときには、新聞などのメディアが国民の権利を守る機能を果たせる」ということです。公権力を監視し、もし公権力が国民の権利を侵すならば、それを批判するのがジャーナリズムの役割です。これは、本書で展開するジャーナリズム論でも肯定されるものです。大川総裁もこう述べられています。

そういう社会においてマスコミが果たす機能としては、前述の内容と逆になる部分もありますが、悪い権力者や、不当に利得を得ている者、法の抜け道を使っている者など、こういう者について告発する記事を書くことです。

その場合、名誉毀損等について、よく争いになったりするわけですが、告発記事によって、「腐敗した部門や、独裁的な傾向がある者を排除する」という機能があるのです。あるいは、「そういう〝怖い部門〟があることによって、自制させる」という機能もないわけではありません。

『「未来創造学」入門』五五～五六ページ

「弱者の声を聞け」と言われることもあります。確かに、国民一人ひとりは国家権力に比べればはるかに弱いため、国民を守ることが大切であることは間違いありません。言い換えれば、国家権力が「悪」を犯しているのであれば、それをただすのがメディアの役割です。

その意味で、（編著者注：幸福の科学の）教えのなかには、ジャーナリスティックに展開されているものも数多くあるのですが、決して、（編著者注：既存のような）ジャーナリズムをもう一つつくるつもりでやっているわけではありません。それは、「われわれの真理のアンテナにかけて、異常性を感知したもの、『これは考え方を正さなくてはならない』と感知したものに対しては、激しい意見を述べ、激しい行動を取ることもある」ということです。

『幸福の科学の基本教義とは何か』五六ページ

結果として、幸福の科学教学、仏法真理から見て「おかしい」と感知したことについて意見を述べることが、ジャーナリズムとしての活動になります。大川総裁はそれを、幸福の科学の基本教義の一つである「発展の法」の展開だと述べています。

「発展」という言葉で説かれていますが、別の視点から見て、言葉を換えて言うならば、「神仏から見て、『望ましくない』と思われるもの、神仏から見れば『悪』と見えしものが、この世に広がっている部分について、できるだけ、その力を減殺させ、縮小させ、消していく。そして、新しく正しい考え、神仏の光を帯びた活動に置き換えていく」ということが、われわれの、発展にかかわる考え方になります。

『幸福の科学の基本教義とは何か』五七～五八ページ

「発展の法」は政治的活動や経済的活動としても展開しますが、ジャーナリスティックな言論活動にもなるものです。

3．正しい価値判断を提示する

◆ジャーナリズムに求められる「善悪の基準」

ジャーナリズムの第一の大きな役割として「真実の探究」を挙げ、それに関連して「客観報道」や「権力批判」について述べました。しかし、客観報道が大事だとは言え、権力批判にまで踏み込むなら、客観的事実を並べるだけでなく、「悪」と判定されるものを縮小させる機能を持つことが分かります。つまり、その言論の中に「善悪」の価値判断が含まれているのです。

このことは、ジャーナリズムの第二の使命につながります。第二の使命とは「世の中で起きていることに対し、正しい価値判断を示していくこと」です。「悪」と見えしものがあるならばそれを報道し、悪を押し止めて善を推し進めることが、非常に重要な役割なのです。これは仏教的な観点にも通じます。仏教の根本精神には、「悪いことをできるだけ抑えて、善いことを推し進める」ということがあります。大川総裁は以下のように述べられています。

基本的に、善悪を教えない宗教は、極めて珍しいものです。禅宗の一派や、あるいは、浄土真宗のようなところで、「善悪はもはや分けられない。一体のものだ」という言い方をすることもありますが、それは別の意味での言い方であって、本来、善悪がないわけではありません。

「人の善を推し進め、悪を押しとどめる」ということは、仏陀の基本的な思想であり、宗教的には、そうでなければならないものなのです。

『正義の法』一八三～一八四ページ

悪を押し止めることを仏教では「止悪《しあく》」と言いますが、それがジャーナリズムの役割の中にも存在するのです。だとすれば、ジャーナリズムを担う人、あるいはさらに広く、世の中に意見を発表する人にとって大切なことは、「何が真実なのか」「何が正しいのか」「何が善なのか」を探究することでしょう。仏教的な表現を使えば、「上求菩提《じょうぐぼだい》」（上に向かって悟りを求める）的な姿勢が求められるのです。

こうした正しさの探究、善悪の探究なくして、ただ「何かを斬る」「誰かを斬る」というのであれば、現在よく行われているように、「標的にした人を記者会見で糾弾して溜飲《りゅういん》を下げるのがジャーナリズムだ」ということになってしまいます。しかし、ジャーナリズムの使命から見れば、誰かを糾弾するにしても「その糾弾がはたして世の中に貢献しているのか」という反省が要るでしょう。

ジャーナリズムの重要部分として「止悪」「上求菩提」という仏教精神を挙げましたが、次に、その「善悪の基準」あるいは「正義の基準」とも言うべきものが必要になってきます。しかし、評論家の故・山本七平が指摘したように、日本では「空気の支配」が強く、メディアによる糾弾も、ともすれば空気で動いていることが多くあります。今こそ、明確な正義の基準が求められています。

メディアにも求められる正義の基準を考察していくにあたって、二〇一六年、HSUでジャーナリズム論の研究が始まるのとときを同じくして発刊された、大川総裁の『正義の法』が重要になってきます。

◆善悪の基準①――神仏の子としての自覚を推し進める

正義の基準の第一点目を挙げます。それは、「個人に対し神の子・仏の子としての自覚を推し進めることが善である」ということです。

宗教の立場から述べるならば、最初は、やはり「個人における正義とは何か」ということになります。

私の『新・日本国憲法 試案』（幸福の科学出版刊）の草案にも書いてあるように、個人が「神の子・仏の子としての自覚」を持てる方向で、いろいろな自己実現に向かって進めるということが、「正義」と考えてよいと思います。逆に言えば、それを抑えていくような動きは間違っているのではないかと思います。（中略）

つまり、「神の子・仏の子の自覚」を阻害する方向に向かうような動きは、基本的には、やはり、個人レベルで見た場合の正義を妨げることになっていると言えるでしょう。

ある意味で、「自分は、肉体として生きている存在でありながら、魂的存在でもあり、天上界に高級諸霊、あるいは神仏といわれる存在があって、その子供であるのだ」と自覚できる社会体制をつくっていくようにすることが、正しい動き方であるのです。

『正義の法』一七八～一八一ページ

この「神の子・仏の子としての自覚を推し進める」方向の活動として、具体的な例を挙げるならば、かつて「ザ・リバティ」をはじめとする幸福の科学系メディアで展開された「いじめ問題」の追及があります。

いじめ問題を調べていくにつれ、多くの学校では子供たちに善悪をしっかり教育しておらず、そのためにいじめをなくせないでいる現状が明らかになりました。さらに、大川総裁の霊的探究によって、悪魔と呼ばれる存在が教育界を根城として暗躍し、善悪の判断ができない日本人を大量再生産していることも分かりました。

そのため、二〇〇六年末頃から、幸福の科学は教育界を浄化するための言論活動を開始しました。大川総裁は「いじめ処罰法（原案）――大川隆法案」を示し、具体的にいじめをなくしていく提案がなされました。これはまさに、「神の子・仏の子としての自覚を推し進める」ために、教育界の改革を目指して言論活動を展開した一つの例です。

◆善悪の基準②――その考え方を時間的・空間的に広げてよいか

正義の基準の第二点目も『正義の法』に説かれています。

あることについて、「正しいか、間違っているか」ということを判断するのは、とても難しいことです。ただ、これを推定する方法が一つだけあるのです。それは、「とことん究極までやったら、どうなるか」を想像することです。（中略）これは一つの考え方です。「あることを、ほかの人がまねしていき、それが広がっていったとき、より大きな善を生むか、生まないか」ということを想像することはできます。それによって「善か悪か」を判断することが大事なのです。

『正義の法』一四七〜一四九ページ

個人の魂のレベルなら、「亡くなった後に天国に還れるかどうか」という基準で善悪を判定する方法はありますが、社会レベルでの善悪を考えなければならないとき、「その考え方がどこまで広がってよいか」という基準が大変重要になります。

大川総裁は、『正義の法』において「イスラム国がどこまで広がってよいか」、あるいは「共産主義の中国が国民の人権を弾圧している現状でどこまで広がってよいか」という問いかけをしています。

イスラム国の場合、「一定の地域内でイスラム的な宗教国家を建設するというだけなら、ある程度の正当性がある」「しかし、ある範囲を超えてさらに拡大してもなお善と判定できるかについては問題がある」として、極めて段階的な考え方が採られています。空間的に広めてもよい一定の限度があり、善だったはずのものがあるところで悪に変わることがあるということがここで述べられているわけです。

同じことが時間的な観点からも言えます。これについては『若き日のエル・カンターレ』で、明治維新の例を挙げて述べられています。

ただ、これ（編著者注：幕末の戦い）**も、やはり時間の流れのなかで善悪が分かれてきたのであって、新しくできた明治政府がたいへんひどい暗黒政府であったなら**

ば、また旧幕府勢力の盛り返しがあって、その新しい政府が倒されるということもあったでしょう。そうなれば、維新の戦争は、おそらく賊軍の反乱ということになっただろうと思います。

こうしてみると、善悪を分ける決め手は、やはり時間の流れにあると言えましょう。

そして、「その当時においては、ぶつかり合っていた価値観も、実は、新しい時代潮流をつくり出すための一つの流れであった」というように考えていくことができると思います。（中略）

実は、歴史上のさまざまな価値観の対立や、時代の変わり目にある思想や行動の対立は、こうした浜辺の波のようなものであるのかもしれません。打ち返してくる波のほうが強ければ、新しい波は岸辺まで届かないのです。

『若き日のエル・カンターレ』一〇八～一一〇ページ

時間の流れの中で善悪が次第に定まってくることもあるわけです。大きな問題について正義や善悪を論じるためには、空間的に広い視野から考察し、さらに、一定の時間的な幅をもって眺めることで、人々の幸福が拡大するのかどうかを見極めなければなりません。単純に峻別《しゅんべつ》できるものばかりではないのです。

ジャーナリストとして、空間的および時間的観点から、何が人々を幸福に導くのかを考えるならば、広い視野や歴史的な観点がなければなりませんし、さまざまな教養の裏づけがぜひとも必要になります。善悪の判断のためには、いろいろな考え方、いろいろな人の視点を学ばなければならないということになります。

◆善悪の基準③——人類全体の幸福

第二点目と重なる部分がありますが、最終的に目指す方向として抱いておくべきものがあります。それは、ジャーナリズムは「最大多数の最大幸福」を実現する仕事でなければならないということです。メディアは多くの人に広く影響を与えるものであり、人々の「公的幸福」を考える必要があるからです。これが第三点目の基準です。

現時点での判断基準における一つの考えとしては、例えば、「最大多数の最大幸福を目指すには、どうしたらよいか」というようなこともあるでしょう。また、「あるものを正しい、あるものを誤っている」と判断する際に、「そう判断したほうが、これから後の人類が生きていく上で、倫理基準を正しく保てるかどうか」ということもありえると思うのです。

『正義の法』二六六ページ

先ほど、ジャーナリズムの役割の一つとして、「弱者を権力から守る」ことを挙げましたが、これにも気をつけるべき点があります。例えば、左翼的ジャーナリズムは経済的弱者や少数派の救済を重視しますが、ともすれば、それが国家全体の繁栄を軽視することになりがちです。金持ちから貧乏人へお金を配分すれば貧乏人を救えるようにも思えますが、それがいき過ぎて、努力して成功した人が報われない社会になると、やがて社会全体が衰退していきます。「最大多数の最大幸福」が損なわれる可能性が高いのです。

また、国家の安全保障を論じるにあたっても、国民の「最大多数の最大幸福」を考える必要があります。国家の安全と平和を守る際に、現時点の日本のケースならば、世界最強国のアメリカとの同盟を維持するという判断が現実的でしょう。弱者の立場や左翼的なスタンスに立つと、最強国に対する反発も出てきがちですが、それでは「最大多数の最大幸福」が実現できません。経済の観点、安全保障の観点から例を挙げました。

さらに、大川総裁は「最大多数の最大幸福」を超えて「人類全員の幸福」ということを述べています。

したがって、「最大多数の最大幸福」という功利主義の原理もありますが、神は、「できたら、『最大多数』ではなく、『全員の幸福』を実現したい」と思っています。そして、実現できていないことに対しては、常に、さまざまなリーダーを地上に送り込んで、実現しようとしているのです。そうした、いわゆる「神のマネジメント」が、地球レベルで行われているのだということを知ってください。

『正義の法』三二七ページ

神仏の願いは、「最大多数の最大幸福」だけではなくて、「一人残らず幸福になってほしい」ということです。したがって、ジャーナリズムにおいても、神仏の願いに則って、究極的には全員の幸福が実現される方向で善悪を判断していくことが必要になってきます。これも先ほど述べたことと重なりますが、簡単に白黒つけられるような基準があるわけではありません。人類の幸福を考え、善悪を判断するジャーナリストの探究には限りがないのです。「上求菩提」という仏教的精神を持ち続けねばなりません。
そして、正義という観点から見たならば、人類の幸福を目指して善悪を探究することは、「地球的正義」につながっていくことも確認しておきたいと思います。
この「地球的正義」の探究も、ジャーナリズムの使命です。

しかし、もう一段大きな地球的レベルにおいて、「正義とは何か」「正しさとは何か」「真理とは何か」というテーマが、常に検証され続けなければならないと思います。（中略）
やはり、世界のレベルにおいて、また、未来の視点から見て、「何が正しいのか」ということを、常に考え続けなければならないのです。

『正義の法』二五七〜二五九ページ

以上、ジャーナリズムの役割について述べてきました。第一は、真実を探究し、世の中の事象を正しく伝えること。第二は、正しく価値判断をし、正義を示すこと。第一のものは報道活動の指針になり、第二のものは評論活動の指針となるでしょう。ここには、宗教的な考え方も十分に込められています。

マスコミやジャーナリズムには、読者の関心に応えるという役割もありますが、それだけではなく、読者となる人々、国家や世界人類に必要なことを伝えること、その際に善悪の価値判断を加えることがさらに大切なことなのです。

4．民主主義と宗教的精神

◆ジャーナリズムにおける「上求菩提・下化衆生《げけしゅじょう》」

さて、これまで述べてきたことを、ジャーナリズム・ジャーナリストの「上求菩提」の姿勢だとすれば、これから述べていくのは、ジャーナリズムにおける「下化衆生《げけしゅじょう》」の側面です。人々に正しい知識を伝え、合理的に考えるための材料を与えて導くことです。一言で表現するなら「啓蒙活動」と言えるでしょう。

『悟りの挑戦（下巻）』に、「上求菩提・下化衆生」のバランスについて語られた一節があるので引用しておきたいと思います。仏教的な悟りについて述べられたものですが、これはそのままジャーナリズム活動の指針にもなるはずです。

　私たちがしなければいけないことは、結局、この矛盾する方向性を統一すべく精進するしかない、矛盾にひるまず、この統一性をあくまでも追究する姿勢を忘れてはいけない、ということです。

　すなわち、あくまでも悟りを求める集団でありながら、同時に人びとを一人でも多く救っていきたいと願う集団でなければいけないのです。これは根本の仏教のなかに、もともとあるものであって、どちらか一方でよいというものではないのです。

そこで、どうすればよいかというと、修行者としては、やはり自分には厳しい態度が必要です。要するに、修行する心、悟りを求めていく態度において自分には厳しく、ということです。同時に、人を救うわけですから、他人に対して優しくあらねばなりません。「自分には厳しく、人には優しく寛容に」という態度が、「上求菩提・下化衆生」の態度だと思うのです。

『悟りの挑戦（下巻）』九〇ページ

職業としてのジャーナリストが真実を探究し、正義を求めるのは当然ですが（上求菩提的な視点）、さらに、その知識や見識をもとに人々を啓蒙して、幸福な社会の建設に参画できるよう導く必要があります（下化衆生的な視点）。後ほど、言論活動によって人々を真理探究の営みに導いた古代ギリシャのソクラテスを「元祖ジャーナリスト」として取り上げますが、これも「上求菩提・下化衆生」の探究の一例と言えるでしょう。

ソクラテスのジャーナリズム的活動を見る前に、民主主義と宗教的精神の正しい関係を押さえておきたいと思います。

◆神の心を忖度《そんたく》するのが本来の民主主義

一般的に、中世において人々の価値観を支配していたキリスト教を社会から切り離すことで「近代」が生まれたと理解されています。神に代わって主役となった人間が、自ら世界を観察して、自ら考えるようになり、近代的な学問、近代的なジャーナリズム、そして民主主義が発展したというのです。この見方では、近代の発展は宗教から離脱したおかげであるというふうにも思えますが、実はそうではありません。大川総裁は次のように述べています。

しかしながら、民主主義政治というものは、一種のフィクションによって成り立っているものです。「本来は、神仏から委ねられた人が、神仏の思いを実現し、現実の政治をなしていく」というのが理想の政治ですが、現実には、神仏の声、神仏の考えが分からないがために、その〝代用品〟として、「投票を通して民の声を聴き、多数を占めたものが、神仏の考えと同じであろう」という擬制を用いているわけです。

そうしたフィクションの上に成り立っているのが民主主義政治なのです。

それが、今、「民の多数の声が神仏の声である」というフィクション、擬制の部分が取り除かれて、「神仏の真なる願いや考えが、どこにあるか」ということが、明確に発信されているのです。

『宗教立国の精神』二八ページ

「神仏の思いを直接的に知ることはできないが、一人ひとりの投票行動の際には、できるだけそれを忖度《そんたく》していこう」という考えが、民主主義の出発点にあったのです。近代民主主義が発祥したイギリス政治の歴史を振り返ると、それを確認することができます。

イギリスの政治学者リンゼイは『民主主義の本質』において、近代民主主義が一七世紀のピューリタンから、特にクロムウェルを中心とするピューリタン独立派の運動から生まれたことを論じています。ピューリタン独立派は、政治活動においても教会運営においても会議主義を採用していました。

その理由は、「神の言葉は財産や身分に関係なく、どの信徒にも降りる可能性がある」と彼らが考えていたからです。だからこそ、神の言葉を聞き逃さないために多くの人の意見を聞き、さらに、それが本当に神の言葉であるかどうかを、忌憚のない討論によって判断しようとしたのです。そうした仕組みこそが、ほかでもない民主主義です。リンゼイは言います。

かれ（編著者注：クロムウェル）は、すべてのひと――すなわち、たとえ陸軍中将と兵卒の違いはあっても、他のひとたちからと同じように、あの兵士《バフコート》からも、学び聞こうという心構えでありました。神は、討議に出席していたひとびとのうちの誰に話しかけていたか分らないと思ったからであります。しかしながら、われわれは、それが神の言《ことば》であるのか、あるいは、われわれの想像の所産でしかないのかを、はっきりさせなければなりません。わたくしたちは、そのために討論をし、他人の意見を尊重して、理性によって、その区別を明確にしなければならないのです。

『〔増補〕民主主義の本質』四〇～四一ページ

近代民主主義の原理とは、各人が心の内側にうがち入って、自分なりに神仏の声だと信じるものをつかみ、お互いにそれを突き合わせていくことなのです。何が善であり何が悪であるか、何が正義であるかを考える際にも、一人ひとりの心中に語りかける神仏の声を聴き、それについて互いに語り合わねばなりません。各人が神仏の心を探究し、それを発表し合うことを助けるためにこそ、学問やジャーナリズムが存在するわけです。

◆宗教から近代的自由が生まれた

かつてのイギリス人がそう考えたように、神の意志の一部が個々人の心に宿るとするなら、意見の表明や忌憚のない討論によって神意の全体像を明らかにするということが、民主主義下のジャーナリズムの役割として非常に重要になってくるでしょう。

現代においても、「言論の自由」が国民を守っているのだと言われています。そして、以上のような歴史的経緯を振り返れば、「言論の自由」の出発点には宗教的精神があったことが分かります。したがって、「言論の自由」を語るならば、それが「信教の自由」や「信仰告白の自由」と一体不可分であることを知っておかねばなりません。「言論の自由」とは神仏の子に与えられた自由なのです。人間が神仏の子であるからこそ、「言論の自由」その他多くの政治的自由があるのです。

大川総裁は次のように語っています。

「正義」に関し、世界には、大きく言って二種類の考え方があります。

一つは、「正義は神の領域にある」という考え方です。「『正義であるかどうか』は、神がお決めになることである。これは神の領域であり、これを人間が決めることはできない」という考え方が一つあるのです。これは、宗教国には、けっこう根強くあります。

もう一つは、神のところを外して、「正義とは、人間が民主主義で決めるもの、すなわち、『投票によって選ばれた議員たちが議会で決めた法律』によって決まるものである。『多数によって決められた法律』に反したものは、正義ではなくて悪であり、それに則ったものが正義である」という考え方です。こういう考え方もあります。

『正義の法』一三二〜一三三ページ

引用中の二番目の考え方は、唯物論化した民主主義における考え方です。つまり、神仏など関係なく、人間的な手続きによって決められたものが正しいという考え方です。現在の中国も、名目上は民主主義を名乗っていますが、それは「神を否定した民主主義」とでも言うべきものです。

そして、その二つの中間的に、民主主義国家であっても、人間が神の意を忖度しながら、要するに、神の意を窺いながら、「これが正義だろう」というようなことを推定するところがあるわけです。

そのように、「正義は神の領域に属しているのか。それとも人間の側で正義を決

められるのか」という問題があり、実は、ここで二つの大きな価値観がぶつかっているのです。そのことを知っておいていただきたいと思います。

『正義の法』一三三ページ

未来創造学のジャーナリズム論は、この中間的な立場と言ってよいと思います。神仏に任せきりで何もしないのではなく、そうかと言って、神仏を無視して人間の好き勝手に振る舞うのでもありません。人間が知力を尽くして神仏の心を忖度し、「これが神仏の望まれる方向ではないか」と考え抜き、社会的な意思決定をしていくのです。それが、本来の近代民主主義の基本的な姿勢です。

◆複数性（プルラリティ）の重視

しかし、社会に住む人々は多種多様です。神仏の心を推し量るにしても、生き方や価値観が異なる各人それぞれの考えを尊重しなければなりません。ある一部の人たちが「神仏のお考えはこうだ！」とほかの人々に強制するのでは、本当の意味での神仏の心の探究は望めません。

これは大川総裁も重視している政治哲学者・ハンナ・アーレントの「複数性」（プルラリティ）の考え方です。神仏の心を探究するからこそ、その前提として「自由」や「複数性」が大事なのです。

人間には複数性があり、さまざまな種類の人間がいて、単一の考えというものはないのです。

さまざまな人間がいます。さまざまな考え方、さまざまな皮膚の色があります。また、才能の違いがあり、成長の違いがあり、家柄の違いがあります。このように、さまざまな人がいるわけです。

そういう「複数性（プルラリティ）」、あるいは、「多様性（ダイバーシティ）」

が人間社会の本質なのです。これを前提とすれば、やはり、自由を保障しないかぎり、幸福な社会はできないのです。だから、そこは大事な部分なのではないかと思います。

『政治革命家・大川隆法』一六一～一六二ページ

この「複数性」（プルラリティ）や「自由」が社会の前提にあり、ジャーナリズムには、社会に存在する多様な意見をしっかりと取り上げ、表現する役割があるのです。自由や多様性といっても、国民が神仏の子としての本性を発揮するやり方のことであり、勝手に気ままな放縦《ほうじゅう》をよしとする週刊誌的な発想とは異なることが分かるでしょう。

5. 人々に「真理の探究」を促し、幸福な社会を築く

◆ソクラテスはジャーナリズムの祖

民主主義では、国民一人ひとりが「何が正しいのか」「正義とは何か」「善悪とは何か」を探究しなければなりません。そのような社会における「下化衆生」とは何でしょうか。それは、国民が真理の探究をする手助けをすることでしょう。ジャーナリストも上求菩提によって自ら真理を探究しますが、その結果として得た知識や見識を披露し、国民による真理の探究を導くのです。つまり、啓蒙活動です。

このように言論によって国民に真理の探究を促すという意味では、一人の先駆者がいます。「学問の祖」とも言われるギリシャの哲学者ソクラテスです。彼の活動から、学問とジャーナリズムが極めて近い関係にあることを示したいと思いま

す。ソクラテスは学問の祖であると同時に、「ジャーナリズムの祖」として位置づけることができるのです。

ソクラテスが「問答法の人」であったことは、よく知られています。活動したのは紀元前四五〇年頃から数十年間ほどですが、それはちょうど古代ギリシャの民主政が衰退してきている時代でした。

ソクラテスの友人がデルフォイで「ソクラテスより賢い者はいない」という神託を受けたことが、活動開始のきっかけでした。ソクラテスは「神託は本当だろうか。世間で智者、賢者と言われる人は大勢いるではないか」という疑問を持ち、神託を検証するべく当時の知識人に問答を挑んでいったのです。ソクラテスの「正しさ」の探究が始まったわけです。

智者と言われる人々を相手に問答を重ねていったところ、ソクラテスは、知識人たちであっても、「正義とは何か」「善とは何か」「美とは何か」という根本的な問いについて満足に答えられないことに気づきます。ソクラテスは「ソフィストをはじめ、知識人たちは大事な問題に答えられなかった。自分もまた答えきることはできないが、少なくとも、自分にそうした知識がないという自覚は持っている。『知らない』ということを知っているというこの一点で、私は彼らより賢いのかもしれない」という結論に至ったのです。

◆社会を真実に溢れたものにする

このソクラテスの活動について、前述のアーレントはその著書『政治の約束』で次のように述べています。

のちにプラトンが問答法《ディアレゲスタイ》と呼ぶことになるものを、ソクラテス自身は「助産術」と称していた。つまり彼は、何であれ他の人々が自身の考えを産み出し、自らのドクサに真理を発見するための、手助けをしたかったのである。(中略)

ソクラテスは、誰もが潜在的に保有しているこの真実を、引き出してみたいと考えたのである。（中略）
ソクラテスは、市民一人ひとりが自らの真理を産み出すのに手を貸して、都市をもっと真実に溢れたもの（truthful）にしたかったのである。これを行うための方法が問答法、つまり何ごとかを徹底的に語り尽くすことなのである。しかしこの弁証法が真理を産み出すのは、意見《ドクサ》を粉砕することによってではなく、逆に、ドクサ自身が有する真理を明るみに出すことによってなのである。このとき、哲学者の役割は都市を統治（＝支配）することではなく、うるさく付きまとう「虻《あぶ》」になることであり、哲学的真理を教えることではなく、市民をもっと真実に溢れたもの《トゥルースフル》にすることなのである。

『政治の約束』四四〜四五ページ

これは、真理はすでに問答する人たちの中にあるということを示しています。

初めは偏った意見を持っていたとしても、ソクラテスとの問答を通じて真理を発見させ、それを相手に「生ませる」ことができる（助産術）。そして、ソクラテスは自分の活動を通じて、ポリスを「真実」に溢れたものにしようとしていたのです。
ソクラテスは自身についてこう語っています。

　わたしは何のことはない、少し滑稽な言い方になるけれども、神によってこの国都に付着させられているものなのだ。それはちょうど、ここに一匹の馬があるとして、それは素性のよい、大きな馬なのだが、大きいために、かえって普通よりもにぶいところがあって、目をさましているのには、何かあぶのようなものが必要だという、そういう場合に当たるのです。つまり神は、わたしをちょうどそのあぶのようなものとして、この国都に付着させたのではないかと、わたしには思われるのです。つまりわたしは、あなたがたを目ざめさせるのに、各人一人一人に、どこへでもついて行って、膝をまじえて、全日、説得したり、非難することを、少しも止めないものなのです。

『ソークラテースの弁明・クリトーン・パイドーン』四二ページ

このように、虻のようにつきまとうことによって問答相手を刺激し、その結果、その人の口から真理が語られるということを繰り返しました。ソクラテスは、自分が何か真理を知っているから、あるいは確信しているからといって、それを一方的に語ったのではなく、助産術のような方法で、多くの人々に真理や神の発見を促していたのです。

このような活動の仕方を見ると、やはり、ジャーナリズムやジャーナリストの一つの理想形をソクラテスの中に見出すことができるのではないかと思います。

◆ジャーナリストに求められる気概

さらにソクラテスは次のようにも語っています。

つまりわたしが、こういうことをしているのは、それが神の命令だからなのだ。この点は、よく承知しておいてほしいものです。そしてわたしの信ずるところでは、諸君のために、この国都のなかで、神に対するわたしのこの奉仕以上に、大きな善は、未だ一つも行われたことがないのです。

『ソークラテースの弁明・クリトーン・パイドーン』四〇ページ

神の命令がソクラテスに臨んでいたからこそ、彼は人々を目覚めさせるという使命を果たさんとしていたのです。

やはり、民主主義社会において人々は、真理の発見、正義の発見、神仏の心の発見を目指さねばなりません。それを促すことこそ、ジャーナリズムの大切な役割の一つではないでしょうか。

ソクラテス的な活動について、大川総裁を通じてソクラテス自身の霊が語っている箇所があります。

虻や蜂には、一刺しして相手を死に至らしめることもあるのかもしれないが、「針を刺したあとは自分も死ぬ」と言われてもいる。そこまでして刺し違えることをもって、幸福と感じるかどうか。それは分からないね。

でも、「正義」と思ったことを実現するためには、「死もまた辞せず」という考えも、あるいはあるのかもしれないし、少なくとも、「臆病であるよりは勇気ある者でありたい。生きることより、『勇気ある者であった』と言われることのほうが幸福だ」という考えもあるであろうな。

また、「悪に屈服して生きながらえるよりは、善のために死すことを辞さない」

という考えもあろうかな。
あるいは、「聖人の条件として、人の命を救うために、己が命を捨てる。神の心に生きる」という人もいるかもしれないね。

『ソクラテスの幸福論』一三二～一三三ページ

このソクラテス霊の言葉からは、「正義のために殉ずる」「針を一刺しして、刺し違えて死ぬ」くらいの覚悟と勇気を持って活動することが、ジャーナリストのミッションであり、一つの理想であると感じ取ることができます。ジャーナリズム活動は命を懸ける価値のある聖なるものであることを確認しておきたいと思います。

覆《おお》いを剝がして真理を明らかにするのが哲学の使命だとすれば、悪を暴くなどして真実を明らかにするジャーナリズム活動は哲学と重なる部分があります。「ジャーナリズムの神」が存在するとすれば、それは「哲学の神」とまったく別の存在ではなく、ソクラテスのように人々を目覚めさせる活動をした人がそれに当たるのかもしれません。

◆神は生きている

現代の一般的なジャーナリズムは、神仏や宗教と切り離されたままで善悪を語っている印象があります。これに対して、本書は「神仏の存在を前提としたジャーナリズムが大事だ」という立場です。神仏の心をどこまでも探究し、それを明らかにしてはじめて、個人と全体の幸福が実現していくことができると考えています。そのような社会では、人々は神仏の子としての才能や素質を存分に発揮でき、全体としての幸福も広がっていくでしょう。

本章のまとめにあたって『正義の法』からの言葉を引用しておきたいと思います。

God isn't dead.（神は死んでなどいません。）

God is alive.（神は生きています。）

God does keep silence, but God is alive and God is loving all the people of the world. I think so. Thank you.（沈黙を守ってはいますが、神は生きており、世界中の人々を愛しているのです。私はそう思います。ありがとうございました。）

『正義の法』五一ページ

ジャーナリズムを考えていく上でも、やはりこの精神が基本です。神は死んでなどいないのです。だから、国民一人ひとりが神仏に近づいていき、自分の役割を果たしていける社会へ導くことが、ジャーナリストの役割です。その結果として、本章で先に述べた「最大多数の最大幸福」「人類全体の幸福」が訪れるでしょう。それこそ、神仏の理想が実現したユートピアであると言えるでしょう。

大川総裁が「新・日本国憲法 試案」の中で、マスコミ権力のあり方について言及されているので、引用しておきたいと思います。

〔第十二条〕 マスコミはその権力を濫用してはならず、常に良心と国民に対して、責任を負う。

『新・日本国憲法 試案』一七ページ

この「試案」でも、マスコミの使命は国民を幸福にすること、ジャーナリズムにはユートピア建設の責任があることが述べられています。

ジャーナリズムの使命をまとめると、「神仏の心を探究し、ユートピアを創ろう」という熱意を持った国民を増やしていくことです。このようにジャーナリストには大きな使命と責任があるのです。

未来創造学は人間幸福学から派生していますが、その未来創造学の一部としてジャーナリズム論が存在しているという構図です。この章を通じて、ジャーナリズム論の位置づけがある程度明確になったのではないかと思います。

【主な参考文献】

大川隆法著『「人間幸福学」とは何か』幸福の科学出版
大川隆法著『発展思考』幸福の科学出版
大川隆法著『「未来創造学」入門』幸福の科学出版
大川隆法著『幸福の科学の基本教義とは何か』幸福の科学出版
大川隆法著『正義の法』幸福の科学出版
大川隆法著『若き日のエル・カンターレ』幸福の科学

大川隆法著『悟りの挑戦（下巻）』幸福の科学出版
大川隆法著『宗教立国の精神』幸福の科学出版
大川隆法著『政治革命家・大川隆法』幸福の科学出版
大川隆法著『ソクラテスの幸福論』幸福の科学出版
大川隆法著『新・日本国憲法 試案』幸福の科学出版
早稲田大学ジャーナリズム教育研究所編『レクチャー 現代ジャーナリズム』早稲田大学出版部
Jack Fuller, 'News Values Ideas for an Information Age', The University of Chicago Press Books
トクヴィル著『アメリカのデモクラシー 第一巻（下）』岩波文庫
A・D・リンゼイ著『〔増補〕民主主義の本質』未來社
ハンナ・アレント著『政治の約束』筑摩書房
プラトーン著『ソークラテースの弁明・クリトーン・パイドーン』新潮文庫

第二章

メディア・リテラシー

情報をどう選択するか

村上俊樹

1．メディア・リテラシーとは

◆情報の洪水をどう泳ぎ渡るか

第二章では、情報の扱い方について、論点を整理していきます。

今日ほど情報が溢れている時代はありません。テレビ、ラジオ、映画、新聞、雑誌、書籍、インターネット——日々、膨大な量の情報が発信され、消費されています。プロのジャーナリストによる報道もあれば、名もなき一般市民のつぶやきもあります。海外の大事件の報道もあれば、町内会の集いの案内もあります。学術的な論文もあれば、知人の身辺雑記もあります。その内容は価値においても真偽においても玉石混淆《ぎょくせきこんこう》です。

しかも、実際に私たちが触れることのできる情報は、全体のごく一部でしかありません。もし、その一部の情報が著しく偏っていたり、誤っていたりしたらどうなるでしょうか。偏った情報は偏った判断を生み、誤った情報は誤った判断を生むに違いありません。

メディアのもたらす情報が私たちの人生に与える影響は、思う以上に大きいものがあります。進学、就職、結婚、転職、引退などの大きな選択に際しては、メディアの情報を参考にするでしょう。ビジネスにおいて大きな判断を迫られる際にも、メディアの情報は大きな役割を果たします。国家が外交方針を決めたり、経済政策を立案したりするにも、メディアの情報に頼っています。

いまやメディアの発する情報は、人生の幸福や不幸、ビジネスの成功や失敗、国家の繁栄や衰退を大きく左右しているのです。そこで、近年、関心が高まっているのがメディア・リテラシーです。大川隆法総裁は、次のように述べています。

マスメディアの洪水の中で、メディアの様々な傾向性を読み解きながら、「本当に大事なものは何か」を汲み出し、読み取っていく力が大事です。少し難しいの

ですが、このメディアを読み解く力、解析する力を「メディア・リテラシー」と言います。

このメディア・リテラシーを身につけないと、これからの世界は生き残っていけません。情報をそのまま受け取っていたら駄目なのです。情報を見分け、仕分けして、必要なものは何かを知らなければなりません。

二〇一五年五月一六日法話「未来を引き寄せる着想力」

ジャーナリストの菅谷明子氏は、メディア・リテラシーについて、「メディアが形作る『現実』を批判的（クリティカル）に読み取るとともに、メディアを使って表現していく能力のこと」と定義しています。

メディア・リテラシーは各国の公教育にも導入されており、イギリスでは一九三〇年代から、アメリカでは一九七〇年代から導入されています。テレビや新聞の情報が子供たちに与える影響が大きいという現実を踏まえて、メディアの伝える情報を批判的に読み解く授業が行われているわけです。

そうした世界的な潮流を受けて、日本でも二〇〇二年度から小学校から高校までのすべての段階で情報教育が始まっていますが、その重要性が広く国民に浸透しているとは言えません。

例えば、二〇一五年一月に新聞の情報信頼度について国際調査を行ったところ、アメリカが五四・五点、フランスが五三・七点、イギリスが五〇・四点であったのに対し、日本は六九・二点と群を抜いて高い結果が出ました（新聞通信調査会 第1回「諸外国における対日メディア世論調査」）。日本では、新聞を購読している人の約九五％は一紙しか購読していないことを考えると、偏った情報を〝鵜呑み〟にしてしまっている可能性が高いと言えます。

実際のところ、朝日、読売、毎日、産経、日経の大手五紙は、それぞれ報道スタンスは異なっており、採り上げるニュースも違っています。二〇一五年一二月三日付朝刊の一面トップの見出しを羅列してみましょう。

「『辺野古反対』知事が出廷」(朝日)
「血液製剤不正製造40年」(読売)
「辺野古　知事『国民に問う』」(毎日)
「福島処分場地元が容認」(産経)
「法人税29・97%で決着」(日経)

見事にバラバラです。どの新聞を購読しているかで、入る情報はずいぶん異なるわけです。こうした背景を知らずに、一つの新聞だけを読んだり、特定のテレビ番組だけから情報を取ったりしていると、知らず知らずのうちに情報が偏ることになります。

◆誤報の現実

とりわけ注意を要するのは、誤報や虚報です。

代表的なのは朝日新聞による慰安婦報道です。朝日新聞は一九八二年以降、太平洋戦争中に済州島において、慰安婦とする目的で多数の朝鮮人女性を強制連行したとする記事を掲載し続けました。この記事の元になったのは、実際に強制連行に関わったと告白した吉田清治による証言です。しかし、吉田証言については、一九九二年の段階で歴史学者の秦郁彦《はたいくひこ》氏の現地調査によって、その疑わしさが指摘されていました。ほかにも多くの学者や評論家から、朝日新聞の誤報について厳しく批判されていました。にもかかわらず、朝日新聞はその後も、従軍慰安婦を既成の事実であるかのような記事を掲載し続け、二〇一四年八月までまったく慰安婦報道の取り消しをしなかったのです。

結局、三〇年以上にわたって、証拠もないままに、軍部が朝鮮において慰安婦を強制連行したという印象を与える報道をし続けたことになりました。しかも、その間、日本の高校の教科書には従軍慰安婦という言葉が掲載され、韓国との間では外交問題にもなってしまいました。誤報によって国益が大きく損なわれたわけです。

一九九四年の松本サリン事件も典型的な誤報です。松本サリン事件とは、長野県松本市の住宅街で有毒ガスが発生して七人が死亡し、五八人が重軽傷を負ったもので、後の捜査でオウム真理教徒らによるテロ事件であったことが明らかになっています。しかし、事件発生当初は、第一通報者である河野義行氏を警察が家宅捜索し、重要参考人として取り調べました。また、警察の発表を受けてマスコミも河野氏を容疑者扱いする報道を行いました。例えば、信濃毎日新聞は事件の二日後に「惨事に第一通報者がかかわっていたとは……」との出だしの記事を書いています。こうして河野氏は、オウム真理教の犯行が明らかになるまで、被害者でありながら犯人扱いされることになってしまったのです。本人に取材することなく、警察発表を鵜呑みにして報じたことで起きた悲劇です。

◆偏向報道の現実

偏向報道の問題もあります。偏向報道とは、特定の見方に偏った報道をすることです。必ずしも間違った報道をしているわけではないため、問題が見えにくいところが深刻です。

例えば、一九九〇年代初頭のバブル叩き報道です。当時は、日経平均が三万円台を突破し、四万円台に乗ろうとしていた頃で、地価も急上昇し、東京圏では平均的なマンション価格が平均年収の一〇倍に達しました。その結果、週刊誌や新聞、テレビなどでバブル批判の大合唱が起き、株式投資や土地投資で儲けることが悪いことであるかのような報道が目立つようになりました。また、そんなマスコミ世論に後押しされるように、大蔵省（現財務省）は銀行の不動産融資を規制し、日本銀行は相次ぐ利上げを行いました。その結果、景気が急速に冷え込み、株価や地価は暴落したのです。

にもかかわらず、当時の大蔵省や日銀の政策は「バブル退治」としてマスコミから礼賛されていました。日銀総裁の三重野康氏は「平成の鬼平」などと持ち上げられました。一部の評論家は政府の失政を指摘していましたが、バブル叩きの大合唱にかき消されることになりました。

その結果、株価や地価は、ピークから最終的に五分の一にまで落ち込み、数百兆円レベルの国富が失われることになったのです。大川総裁はこの悲劇を「マスコミ不況」と名づけています。

〝マスコミ不況〟とでも言うべきものです。これははっきりしています。マスコミの不況ということではなくて、マスコミによる不況です。（中略）

〝バブルたたき〟をやることによって、社会の問題をえぐりだすことができるだけでなく、自分たちは記事を書いたりニュースを流すことができ、その結果、部数を伸ばし視聴率を上げることができる――そういうふうに彼らは考えて、本能

的に動くわけです。（中略）

〝バブルたたき〟の一斉合唱によって、証券や株は半額になりました。証券、株価が半額になったということは、会社の値打ちが半分になった――その資産が半分になり、半分のお金で買えるような会社になってしまったということです。あっというまに、そのようになってしまいました。これは、たいへんなことなのです。そういうことが簡単に行なわれたわけです。

『理想国家日本の条件』一一六～一一八ページ

偏向報道は誤報とは違って、責任の所在を特定することが難しいものがあります。そのため、これほど甚大な被害が出ているにもかかわらず、今日に至るまでいき過ぎたバブル叩き報道に対する反省は見られません。

近年では、消費税の増税問題もあります。二〇一四年四月の消費税の増税（五%→八%）の背景には、マスコミによる増税容認報道がありました。年金などの社会保障制度を将来にわたって維持するには増税が必要であるという論理で、新聞各紙は社説などを通して増税やむなしの論調で記事を書きました。特に読売新聞は熱心に増税キャンペーンを張りました。主要紙で明確に増税反対を訴えたのは東京新聞（中日新聞）だけでした。

一方で日本新聞協会は、新聞に関しては軽減税率を適用するように求めました（政府は新聞に軽減税率を適用する方針）。読売新聞は二〇一〇年末に増税を進める財務省の事務次官を務めた丹呉泰健《たんごやすたけ》氏を社外監査役として受け入れた経緯があり、軽減税率を適用してもらう代わりに、財務官僚の天下《あまくだ》りを受け入れたようにも見えます。

新聞に軽減税率を適用する理由として、国民の知る権利を確保するために税金を上げる必要はないという説明をしていますが、であれば、最初から増税するべきではなかったと言えます（新聞・出版物に関しては消費税を増税すべきではないという理屈自体はその通りでしょう）。

また、各紙とも増税に反対する声も載せてはいましたが、申し訳程度に過ぎず、増税賛成派と反対派をバランスよく載せていた大手紙は皆無でした。

もちろん、メディアが特定の政治的主張をすること自体は必ずしも悪いことではありません。問題なのは、メディアの多くが、不偏不党・公正中立をうたっている中で、そのような偏向報道がなされていたことです。中立の報道をするのであれば、何事によらず、賛成も反対も、そのほかの意見もバランスよく採り上げる努力をすべきでしょう。

しかしながら、実際には公正中立の名の下に特定の主張に偏った報道を行っていたことになります。

だからこそ、そうしたメディアの報道の〝歪み〟の構造を理解した上で、さまざまな情報と接していく必要があります。それがメディア・リテラシーの狙いです。

2. 情報の歪みはどうつくられるのか

◆情報が歪む六つの要因

では、なぜメディアの流す情報は、誤ったり偏ったりするのでしょうか。

第一に、報道のあるべき姿についての誤った思い込みがあります。

ジャーナリズムは、権力の監視役として、憲法で保障された「言論の自由」を守る砦となっています。政府権力が情報を統制し、都合の悪い情報を隠蔽しようとしても、マスコミの自由な言論活動が保障されていれば国民の知る権利は守られます。これは、古代中国の秦の焚書坑儒《ふんしょこうじゅ》や中世ヨーロッパの異端狩り、近代以降の独裁国家による知識人の弾圧などのような不幸な歴史を繰り返さないために出てきた考え方です。

つまり、ジャーナリズムには、権力の暴走を止めるために、「反権力」の遺伝子が入っているわけです。しかし、反権力の遺伝子は、左翼思想（共産主義思想）と親和性を持ちます。共産主義思想は、暴力を伴う革命を肯定していることからも分かるように、「反権力」の遺伝子を持っているからです。しかも、共産主義は資本家（富裕層）も敵視しています。その結果、ジャーナリズムは「政府批判」「金持ち批判」が基本原理となっていきました。

もちろん、政府が権力を乱用したり、資本家が不正を働いたりした場合は批判されるべきです。しかし、政府であるというだけで批判したり、資本家であるというだけで悪であるかのように論じたりするなら、明らかにいき過ぎです。実際に、「権力は叩くもの」「資本家は批判するもの」という思い込みがジャーナリズムの現場には少なからずあります。これが情報の歪みの原因の一つになっているのは明らかです。

第二に、不偏不党・公正中立の報道は不可能だという現実があります。

理念として不偏不党・公正中立をうたうのはよいでしょう。しかし、現実問題として、まったく思想的に偏りのない人間というものが存在し得るのでしょうか。すべての機関や個人を公正に扱うことは可能なのでしょうか。

例えば、キリスト教徒の記者と無神論者の記者とでは、記事のスタンスは大きく異なるでしょう。自民党に投票する記者と共産党に投票する記者とでも論調は違うはずです。

また、新聞の死亡記事一つ取ってみても、採り上げる人と採り上げない人の区別はどこで線引きをすべきでしょうか。一人ひとりの命の重さは同じだという理想がある一方で、日本で年間一二六万人にも及ぶ死亡者をすべて等しく報道することは物理的に困難です。アメリカの有名なジャーナリストであるウォルター・リップマンが「世界中のすべての記者が四六時中働き続けても、世界中のあらゆる出来事を目で見るわけにはいかない」と指摘しているように、すべての情報を把握し報道することは不可能です。

したがって、現実に一定の時間内にニュースを編集したり、一定の紙面で記事を編集したりする過程で、情報に優劣をつけざるを得なくなります。つまり、恣意的に情報を歪めるつもりがなくても、時間や紙面の制約がある以上、何らかの価値観の影響を受けて情報を〝加工〟〝編集〟せざるを得ないという事情があります。それが歪みの原因となっているのです。

第三に、メディア自身の持つ権力を牽制する機関がないという現実があります。マスコミは、立法権、行政権、司法権に続く第四の権力と称されます。しかし、大川総裁はすでに「第一権力」になっていると指摘しています。

近代の政治においては、権力が集中しすぎないようにするため、「立法」「行政」「司法」による「三権分立」が多くの国で採用されています。法律をつくる「立法」。それを執行し、実際の政治・行政を行う機関、日本であれば、内閣総理大臣を長とする「行政」。裁判所を中心とする「司法」。この三つに権力を分け、三権が牽制し合っていれば、人々が苦しむことはないだろう。こういう考え方で近代の政治は成り立っています。

それは、もちろん、日本国憲法のなかにも書かれていることではありますが、現実には、憲法から漏れているものがあると思います。

それは、「現実の政治は、もはや三権分立にはなっていない。少なくとも、憲法には明記されていない権力が明らかに存在する」ということです。

その権力の一つは「マスコミ権力」です。これは、かつては第四権力と言われていたものですが、今では現実的には第一権力であると言われています。

『政治に勇気を』三六～三七ページ

田中角栄元首相は、自民党の大派閥の領袖《りょうしゅう》として権勢を誇りましたが、一九七四年にジャーナリストの立花隆氏が田中元首相の金脈を追及したことをきっかけに、欧米のメディアを含めてマスコミの批判を浴びて、同年、退陣に追い込まれました。

その後も、大手メディアが発表する内閣支持率が低下すると内閣は総辞職に追い込まれるケースが相次いでいます。明らかに立法府よりもメディアの方が強いのです。

また、日本は官僚支配の国とも言われます。政治家が矢面《やおもて》に立ってはいますが、実際は政策の立案は官僚が行っていることが多いのです。その官僚の中でも各省庁の予算を握る大蔵省（現財務省）が強大な権限を持っていました。その大蔵省も、一九九八年に接待汚職事件をメディアから厳しく批判されたことをきっかけに、財務省と金融庁に解体されてしまっています。やはり行政府よりもメディアの方が強かったわけです。

司法についても同様です。裁判官は、テレビや新聞によって発信される情報を国民世論として判断材料としているからです。

このように、メディアは大きな権力を行使しているにもかかわらず、現段階においてメディア権力を抑制したり牽制したりできる権力は見当たりません。そのために、メディアが誤報や偏向報道を繰り返しても、戒めたり、その罪を追及したりすることができません。結果的に、やりたい放題になりかねないという事態に陥っているのです。

あえて言えば、読者や視聴者の良識にたのむしかないということになります（この意味でもメディア・リテラシーが重要となります）。

第四に、ジャーナリズムに携わる人の勉強不足があります。

日頃から勉強を重ねて専門知識を蓄積し、テーマを持って深く取材するジャーナリストは一部に過ぎません。多くのジャーナリストは、いわゆる〝夜討ち朝駆け〟で忙しく、勉強する時間がないという事情もあります。記者クラブに所属する記者であれば、取材しなくても、プレスリリースを入手し、他社の記者と情報交換をして記事が書けてしまうという問題もあるでしょう。

第五に、スポンサーの影響もあります。多くのメディアは民営です。ＴＶのほとんどが無料で視聴できるのは、スポンサーの広告収入で番組を制作しているからです。新聞も購読料だけでは経営が成り立たず、広告収入を頼りにしています。ラジオもインターネットも事情は同じです。その場合、スポンサーの不利益になるような情報はまず出ません。新聞では、そうした事情で報道の歪みが生じないように「編集と経営の分離」がうたわれていますが、どこまで徹底できているかは各社によってまちまちでしょう。

では、公営のメディアであれば、そうした問題を防げるかといえば、そうでもありません。今度は、政府や自治体の意向に反する記事が書けなくなってしまいます。

結局、民営・公営問わず、自身の立場を超えて客観的に報道するのは困難を伴います。

第六に、ジャーナリズムが論拠としている学説が誤っている場合もあります。テレビや新聞が何かの主張をする場合、学者の意見を根拠にすることが多いと言えます。一般に学説というものは、次々と新しい説や解釈が登場して発展していくものです。一方、定説は長い時間をかけて固まってきた見解であり、必ずしも次のトレンドを示す最新のものではありません。しかし、多くの報道は学説の中でも定説となっているものをベースにしているため、意外と古くなっていることが多いのです。特に訓詁学・文献学になってしまっているような分野の学問は、現在の問題について的確な答えを出せなくなっている場合が多いと言えます。これも情報の微妙な歪みにつながっています。

◆不偏不党という名の無責任体質

以上、六つの論点は、必ずしも悪意がなくても、情報が歪む要因です。さらに深刻なのは、意図的に情報を歪める場合があるということです。

メディアの多くは不偏不党の建前を掲げています。そのため、特定の政党をあからさまに支持したり、あるいは批判したりするような報道はしません。支持と批判、賛成と反対の双方の意見を採り上げるように努力しています。

しかし、メディアのほうに〝誘導したい世論〟がある場合には、双方の意見の採り上げ方に「調整」が入ります。消費増税の問題であれば、「将来の年金のことを考えれば、ある程度の増税は仕方ないですね」といった国民の意見を三人ほど紹介した上で、最後に「これから買い物も大変になりそうですね」といった弱めの反対意見を一つだけ差し込んでおきます。そうすると印象としては、賛成三人で反対一人ですから、増税に賛成する国民が多いように見えます。しかし、本当は一〇人のコメントを採っていて、賛成は三人で反対は七人だったかもしれません。実際に何人の声を聞き、何人が賛成で、何人が反対だったのかは制作サイドにしか分からないのです。ウォルター・リップマンが言うように、「ある報告記事が正確であるかどうかは当事者以外ほとんど判定できない」のです。編集の仕方次第で、賛成する人が多いようにも少ないようにも見せることができるのが実情なのです。

このように、公正中立な態度を装いながら、特定の方向に世論を誘導することは頻繁に行われています。

このやり方の巧妙な点は、メディアの論調が不幸な結果を招いたとしても責任を取らずに済むということです。例えば、増税によって不況がやってきたとしても、「全面賛成していたわけではない」と開き直ることができます。不偏不党・公正中立と言えば聞こえはよいのですが、責任回避のための隠れ蓑にもなるわけです。

また、「結論を言わなくて済む」というメリット（？）もあります。言論活動や報道において結論を言うことにはリスクがあります。反対論者からの批判を招きやすいですし、結論が間違っていたら責任が生じるからです。

例えば、原発再稼働の問題などは明確な結論を打ち出しにくいでしょう。その場合、両論併記のスタンスで報じていれば、責任は取らずに済みます。つまり、「結論が分からなくて言えない場合」と「結論を言う勇気がない場合」は、不偏不党の旗印を掲げて、「Aとも言えるが、Bにも一理ある」といった言い方で逃げることができるわけです。

しかし、明確な結論の出せないメディアというのは、単なる情報伝達の道具にしか過ぎず、ジャーナリズムとしての機能は十分に果たしているとは言えないでしょう。

◆選択されない情報と黙殺権

「選択されない情報」の問題も深刻です。

先述したように、メディアがあらゆる情報を入手し、そのすべてを伝えることは不可能です。したがって、情報は選択され、大部分が捨てられるのはやむをえません。この場合、「何を選択したのか」については点検できますが、「何を選択しなかったのか」については点検できません。この問題は実は大きいものがあります。大川総裁は次のように指摘しています。

メディア・リテラシーの問題点の一つとして、
マスコミの「黙殺権」があります。
これについては誰も指摘していないし、
教科書にも参考書にも書いていないでしょう。
ただ、民主主義社会とマスメディアの関係における
いちばんの問題点は、
マスコミの持っている「黙殺権」だと思うのです。
つまり、黙殺したら、
実際上、存在しないことと同じになってしまうわけです。
たとえ四百人であっても、
「戦争法案反対」と言いながら、
プラカードを掲げてデモをしているところを、
夕刊に写真を載せたり、テレビで流したりしたら、

そのデモは存在するし、国民が反対しているように見えます。
ところが、逆の立場のデモを何千人でやっても、
テレビや新聞が一切報道しなかったら、
このデモは存在しないのと、ほとんど同じなのです。
マスコミは、この「黙殺権」というものを
けっこう自由に使っていますが、
ここが点検されていません。
「このメディアは、何を黙殺したのか。どの部分を黙殺したのか」
ということについて、点検されていないのです。
この「黙殺権」のところは、実は大きな権力です。

『正義の法』二一八〜二二〇ページ

例えば、近年「ＳＥＡＬＤｓ《シールズ》」と呼ばれる学生団体が注目を集めました。ＳＥＡ

LDsは、二〇一五年の安全保障関連法案の成立に際して、国会前で「戦争法案反対」などと連呼するデモを繰り返し、メディアのニュースでも頻繁に採り上げられました。しかし、国会前では、安保関連法案の成立に賛成する側も集まっていたにもかかわらず、こちらはほとんど報道されていません。

沖縄県の辺野古への基地移設反対デモや原発再稼動の反対デモなどもメディアで頻繁に採り上げられました。ここでも基地移設に賛成する人たちや原発再稼動に賛成する人たちがデモを行っていましたが、やはりほとんど報じられておらず、メディアによって黙殺されています。

実はこの手の「黙殺権」は日常的に行使されています。

例えば、為替が円高に向かえば、必ずと言ってよいほど、海外に製品を輸出している製造業の経営者の苦しみの声を紹介しますが、円高で利益の出ている輸入業者の喜びの声を紹介することはほとんどありません。スポーツの国際大会で日本人が活躍すればインタビューのコメントが紹介されますが、外国人選手のコメントはよほど有名な選手でもなければ紹介されません。ノーベル賞でも日本人が受賞した場合は詳しく報道されますが、外国人の受賞者はほとんど紹介されません。「報道されなかった重要な事実」は殊《こと》のほか多いのです。

次節では、媒体別にこの問題を見ていきましょう。

3. 情報の歪みをどう見破るか

◆テレビの情報

現在、最も影響力の大きなメディアと言えば、やはりテレビでしょう。しかし、テレビほど黙殺権の影響が大きなメディアもありません。

テレビで放映する映像は、実際の映像であるゆえに大きなインパクトを持ちます。例えば、大きな災害の現場の映像などは有無を言わせぬ迫力に満ちており、新聞や雑誌の報道とは一線を画しています。

二〇〇一年のアメリカ同時多発テロや二〇一一年の東日本大震災と聞けば、ビルに航空機が突っ込む映像や巨大な波が町を飲み込んでいく映像を反射的に思い浮かべる人も多いはずです。

一方で、二〇〇一年九月一一日は、ある人にとっては大事な自分の家族が殺人事件の犠牲になった日かもしれません。あるいは、何十年と続けてきた家業が倒産した日かもしれないでしょう。また、社運をかけた新製品の発表の日だったかもしれません。しかし、こうした事件が起きていたとしても、テロ事件の報道にかき消され、黙殺されたかもしれません。

二〇一一年三月一一日以降も、津波が町を飲み込むシーンを繰り返し放映していましたが、まるで日本中が津波の被害に遭ったような印象を視聴者に与えました。無事だった地域は採り上げられないため、情報に偏りが出てしまったわけです。

また、新聞記事はすべての文字を読もうと思えば半日はかかりますが、テレビの報道番組は長くても実質一時間程度です。それだけに伝えることのできる情報はより限られてきます。ある人のコメントを三〇分かけて収録したとしても、実際に放映されるのは一言だけだったりします。その結果、本人が意図しないかたちでコメントが使われることがあります。報道番組は基本的には生放送ですが、番組内で紹介される映像は、事前に編集されているものも多くあります。そこにさまざまな情報の歪みが生じているのです。

さらに、日本の場合、民放の各局は、大手新聞と資本関係にあります。そのため、その論説に大手新聞各社の独特の思想の影響が少なからずあることも知っておくべきでしょう。日本テレビ＝読売新聞、ＴＢＳ＝毎日新聞、フジテレビ＝産経新聞、テレビ朝日＝朝日新聞、テレビ東京＝日本経済新聞といった具合です。それぞれのニュース番組の論説には、ある種の思想的な〝色〟がついていることが多いので、注意深く見分ける必要があるのです。

◆新聞の情報

新聞については、これまでも随所でその問題点を指摘してきました。ここでは、新聞ごとの特性について簡単に紹介しておきます。

まずは最大の発行部数を誇る読売新聞です。読売新聞の論調は保守です。いち早く憲法改正を社論として訴えており、自民党寄りの論調です。また、プロ野球球団の読売ジャイアンツの親会社ということもあり、スポーツ面ではジャイアンツの記事を大きく採り上げる特徴があります。

朝日新聞は、発行部数でこそ読売に遅れをとっていますが、権威においては戦後長らくナンバーワンでした。従軍慰安婦問題を主導したことからもうかがえるように、左翼系メディアの総本山的な位置づけにあります。論調は、反戦、反米親中、護憲です。

毎日新聞も、朝日と同様に左寄りの論調です。ただ、宗教を全面否定する無神論・唯物論の立場ではありません。宗教報道に強く、宗教欄も常設している点、朝日新聞とは異なっています。

産経新聞は、保守であり、読売よりも右寄りです。朝日新聞とは正反対の立場で、国益を重視する論調で、防衛強化、親米反中のスタンスを取ります。

日本経済新聞は、政治的には右寄りでも左寄りでもなく、中ごろです。経済の専門紙であるため、法人での購読が他紙より多くメインとなっており、他紙と比べて紙面の編成が大きく異なっています。

なお、地方のブロック紙の中で、全国紙レベルの発行部数を誇るのが中日新聞（東京新聞）です。極左と言ってよいほどの論調で、社会主義というよりも共産主義思想に近い考え方で編集されています。

ちなみに、地方紙では北海道新聞や琉球新報、沖縄タイムスなども左派メディアで、中日新聞と似た論調です。

また、新聞社ではありませんが、取材した記事を新聞社に提供している共同通信、時事通信といった通信社もあります。通信社の記事は、主に地方紙などで活用されますが、共同通信も時事通信も左寄りの論調であるため、必然的に地方紙も左寄りになっています（地方紙は地元の記事は自ら取材しますが全国的な事件については取材できないため、通信社から記事を買うことが多く、場合によっては社説すらも買っています）。

◆雑誌の情報

雑誌については、月刊誌と週刊誌とで、かなり性格が異なります。

月刊誌（総合雑誌）は、いわゆる論壇を構成する雑誌です。月刊誌の場合は、論説の方向ははっきりしています。「世界」は左派論壇の象徴であり、「文藝春秋」や「正論」「Ｗ・ｉＬＬ」は保守論壇の中心的存在です。月刊誌は、学者や評論家、各界の専門家などの論文を掲載しており、ジャーナリズムとアカデミズムの双方の論者が同じ場で論じる点に特徴があります。

週刊誌（総合週刊誌）は、月刊誌よりもジャーナリスティックです。時事性が高く、旬な話題について迅速に報じますが、センセーショナリズムの編集方針を取る媒体も多いため、批判も多くあります。雑誌ジャーナリズムの特徴は、テレビや新聞と比べて、政府と一定の距離があることです。

テレビ局は、放送法と電波法に基づいて事業を営んでおり、参入するには総務省の許認可を受けた免許が必要となります。つまり、政府のひも付き事業であり、典型的な規制業種です。

大手新聞紙も、政治家の番記者や記者クラブの存在からうかがえるように、政治家や官僚との距離はかなり近いと言えます。記者から政治家に転身するケースもたくさんあります（首相経験者では、古くは原敬、近年では森喜朗氏など）。

雑誌を発行する出版社は、テレビや新聞に見られるような政府との特殊な関係は一般的には見られません。経営規模も大きく異なります（テレビ局や大手新聞は売上が数千億円あるのに比べ、出版社は大手の文藝春秋や新潮社でも二〇〇億円台の売上です）。こうした事情もあって、雑誌ジャーナリズムは比較的自由な言論活動が可能となっていますが（ただし、その自由が「放縦《ほうじゅう》」に向かっている問題はあります）。

◆インターネットの情報

近年では、インターネットの影響も見逃せません。インターネットのニュースを毎日見る人は、二〇代から四〇代で半数を超えています。しかも、そのうち約九割がヤフーやグーグルなどのポータルサイトのニュース欄を見ています。新聞社の公式サイトなどを見るのはわずか二割程度に過ぎません（新聞通信調査会「第8回メディアに関する全国世論調査（2015）」）。

しかし、ヤフーにしてもグーグルにしても、自前の記者が取材をして書いているわけではなく、ほかのメディアの記事を編集しているだけです。どんな情報を選び、いかに興味を引く短い見出しをつけるかで閲覧してもらうための努力をしています。便利な部分はありますが情報価値としてはあまり高くないと言えます。ジャーナリズムとしては、十分に機能しているとは言えません。

◆書籍の情報

書籍もジャーナリズムの担い手です。執筆から発刊までに時間がかかるため、速報性では新聞や雑誌にかなわないのですが、緻密な調査に基づいたノンフィクション作品が、世論の形成に大きな影響を与えることがあります。

例えば、かつて朝日新聞のスター記者だった本多勝一氏は著書『中国の旅』で日中戦争時における日本軍将校による「百人斬り競争」などを採り上げ、いわゆる〝自虐史観〟の世論形成に大きな役割を果たしました。もっともその後に、山本七平が著書『私の中の日本軍』によって、百人斬り競争はなかったと反論、その内容の誤りを指摘しています（ほかにもアイリス・チャンの『ザ・レイプ・オブ・南京』など、世論に大きな影響を与えながら、内容に虚偽が含まれていることで後に問題になる書籍も少なくありません）。

マルサスの『人口論』やローマ・クラブの『成長の限界』なども、その見方がどこまで正しかったのかの検証は必要ですが、人口増加がもたらす悲劇的な未来を予測して世界に衝撃を与えました。

政治家の著作が熱狂的なブームを起こすこともあります。典型的なのは、一九七〇年代の田中角栄の『日本列島改造論』、一九八〇年代のゴルバチョフ氏の『ペレストロイカ』などでしょう。

また、書籍によるジャーナリズムの特筆すべき近年のトピックスとしては、大川総裁の著作において、企画から発刊までをわずか一日～二日で行うという手法が開発されたことでしょう。その結果、新聞報道と変わらないスピードで、時事性の高いテーマの意見発信ができるようになりました。宗教ジャーナリズムと呼ばれるものですが、詳しくは第四章で採り上げます。

◆海外メディアの情報

海外メディアから情報を取ることも重要です。

日本のメディアは、国内の情報を中心的に扱い、海外のニュースについてはあまり採り上げません。大きなテロ事件が起きても、日本人の被害の有無を中心に報じる傾向があります。

その背景には、自前の記者を世界中に派遣している日本のメディアがほとんどないという現状があります（主要国には派遣している）。そこで、国際的な取材網を持っているロイターやＡＰ通信などの通信社から配信される記事を活用しているわけです。そうした記事の中でも、日本に関係のあるニュースや日本人の関心を引きそうなニュースしか扱わない傾向にあります。

したがって、海外の情報を入手するには、直接、海外のメディアにアクセスしたほうが効果的です。でなければ、世界で実際に何が起きているのかが分からなくなります。特に国際的な舞台で仕事をする人は、日本のメディアだけで情報を取っていると、相当、歪みが生じるので要注意です。

また、海外のメディアは多面的で深い取材をするという特徴があります。情報の質が違うのです。例えば、テレビの場合で言えば、ＣＮＮやＢＢＣです。

ＣＮＮ（アメリカのケーブルニュースネットワーク）やＢＢＣ（英国放送協会）には、日本のテレビ局が絶対に敵わない部分がありますね。

例えば、今、シリアの内戦や、イスラエルのガザ地区への攻撃などが、大変な国際的問題になっているわけですが、それらは、ＣＮＮやＢＢＣを見れば分かるのです。しかし、日本の記者は取材に行かないため、きちんと報道されません。

確かに、部下に、「死ね」と言うわけにはいかないのでしょうが、やはり、あそこまで命懸けで報道してくれると助かりますよね。
また、日本では、「ローカルニュースが多い」ということが難点ですので、やはり、意識して国際的なニュースに目を向けないといけません。

『英語が開く「人生論」「仕事論」』一二九～一三〇ページ

新聞で言えば、「インターナショナル・ニューヨーク・タイムズ」や「フィナンシャル・タイムズ」、週刊誌で言えば、「タイム」や「エコノミスト」などが有名です。

どの分野を専門とするかで何を読むべきかは異なりますが、その分野において国際的な権威を築いているメディアから情報を得ることが大切となります。

4. 情報の取り方、生かし方

◆メディアの癖を見抜き、複数の情報源を持つ

これまでメディア・リテラシーの観点から、メディアの持つ特性について概要を示しましたが、具体的な情報の取り方や生かし方についても触れておきたいと思います。

ここでは、「ザ・リバティ」誌二〇一四年一月号の特集記事「トレンドを読む5つのステップ」などを参考に、五つのステップに分けて考えていきます。

一番目のステップは、「メディアの情報の癖を見抜く」です。これまで見てきたように、テレビと新聞では報じ方が違いますし、同じ新聞でも朝日新聞と産経新聞では論調が正反対です。したがって、「テレビしか見ない」「朝日新聞しか目を通さない」という情報の取り方をしていると、かなりの歪みが生じることになり

ます。

そこで、複数のメディアに目を通す必要が出てきます。

大川総裁の場合は、次のように情報を取っていると言います。


今の日本では、毎日、百冊以上の新刊書が出ていますが、すでに、私の専門分野がかなり増えているので、読む本のほとんどは、情報網を張っている分野のものです。

また、新聞は、朝日、読売、産経、日経、毎日、東京の六紙と、インターナショナル・ヘラルド・トリビューン（編著者注：説法当時の旧名。現在はインターナショナル・ニューヨーク・タイムズと改名している）とフィナンシャル・タイムズの英字新聞を合わせて、毎朝、八紙を読んでいます。

それから、雑誌は、週刊誌や月刊誌、英語雑誌の類も読んでいます。

また、日本語の新聞や英字新聞を読むときには、同時にCNNの音声も聴いています。つまり、「耳でＣＮＮを聴きながら、目で新聞を読む」ということをやっているのです。そのくらい時間効率を上げないと、とても捌《さば》き切れません。

新聞を六紙ぐらい読んでいると、「今、日本全国で何が起きているか、世界で何が起きているか」という「情報見積もり」において、ほとんど外すことはなくなります。六紙ぐらい目を通しておくと、「何が起きているか」が、だいたい分かるのです。

さらに、日本の新聞で抜けている海外のニュースについては、英字新聞を読むか、ＣＮＮやＢＢＣを観るかすれば、世界で起きていることを、ほぼ網羅できます。

特に、外国の情報に関しては、活字だけでなく、映像もあったほうがよく分かることが多いので、テレビの効用も大きいと言えます。

それ以外には、新聞のテレビ欄を見て、ＮＨＫや民放の特集番組などで、何かよさそうなもの、要するに、経済や国際情勢などに関して、勉強すべき番組があればチェックをし、録画しておいてもらっています。

「一年で二千冊を読む私の方法」（「ヤング・ブッダ」通巻九八号：二〇一二年二月号）

大川総裁の場合は、さらに年間数千冊レベルと推定される読書も加わるため、誰でもできるものではありません。しかし、少なくとも、新聞であれば複数紙に目を通す程度の努力はしたいところです。そうすることによって、メディアごとの情報処理の癖が見えてきますし、メディアの情報を鵜呑みにすることも避けられるからです。

◆大きなトレンドを把握する

二番目のステップとしては、「基本的な知識と大きなトレンドを押さえておく」です。

例えば、これから中国とビジネスを始める場合、中国が共産主義体制にあることを知らないでは話になりません。民主主義国家とは、考え方も仕組みも根本的に異なるからです。共産党一党独裁の下、選挙もなく、言論の自由もありません。つまり、今日、私たちが常識的な国家像として描く「近代国家」としての要件を満たしていないのです。したがって、日本の社会と同列に考えていると判断を誤ることになります。

そうした基本的な知識を持った上で、現在の体制がどのようなスタンスを持ち、どのような方向に向かっているかを見極める必要があります。「親日か、親米か」「北朝鮮との関係はどうか」「民主化に向かっているのか、全体主義に向かっているのか」「軍拡に向かっているのか、軍縮に向かっているのか」「経済拡大か、経済縮小か」といったトレンドを見ていくわけです。

同様に、アメリカはどうか、ロシアはどうか、韓国はどうか、北朝鮮はどうか、ドイツはどうか、イギリスはどうか、フランスはどうか、と見ていきます。

まずは国家レベル、世界レベルにおける大きな変化に注目するわけです。

例えば、国家レベルにおいて大きなトレンドを生み出す情報は、次のようなものです。

・民主主義が十分に機能しているか、していないか。
・政権は保守か、リベラルか。
・軍拡路線か、軍縮路線か。
・積極財政か、緊縮財政か。
・金融政策は緩和か、引き締めか。
・福祉国家に向かうのか、向かわないのか。
・食料とエネルギーの需給関係に変化はあるか。
・米国との関係はどうか。
・人口は増えているか、減っているか。
・画期的な技術革新が起きていないか。

以上の情報は、トレンドの幹にあたる部分で、右か左か、上か下か、否か応か、などがはっきり分かる点に特徴があります。こうした情報において、右のものが左になり、上のものが下になるような変化が起きたら、大きなトレンドの変化につながる可能性が高いでしょう。したがって、チェックすべき情報としての重要度が高いと言えるのです。

◆トレンドの小さな変化をつかむ

三番目のステップは、「大きなトレンドに関する小さな兆しのチェック」です。先に触れた大きなトレンドは、情報の入手が容易です。それだけに、新聞の一面で報じられた段階で周知の事実となり、新しい情報ではなくなります。したがって、大きなトレンドの変化をいち早くつかむには、その変化につながるような小さな兆しを見逃さないようにしなければなりません。

例えば選挙の結果をテレビの速報を見てから政権交代の事実を知るのでは遅い

でしょう。衆院選挙に先立つ地方選の結果や、各メディアの当落予想、現政権の政策の実効性の評価、スキャンダルの有無、景気の動向、各政党の有力議員のメディアの露出度など、政権交代の兆しとなる情報は数多くあります。普段から、そうした細かい情報を積み上げていれば、ある程度の予測が効くようになります。この意味で、小さな変化を示す情報については、なるべく幅広く、網羅的に集めていく必要があります。

ただ、小さな変化を示す情報を分析するときに難しいのは、「その情報をどのような文脈で理解するか」です。

例えば、東日本大震災における原子力発電所の事故を機に、全国の原発が稼動を停止しましたが、この情報をどういう文脈で理解するか。「再生可能エネルギーとして太陽光発電が次世代エネルギーの中心になる」と理解するか、「石油への回帰がはじまってオイルショック再来の懸念が強まる」と考えるか、「石油依存の高まりによってエネルギー自給率が低下し、安全保障上の危機が生じる」と思うかによって、情報の意味が変わってしまいます。とらえようによって好景気の要因とも不況の要因とも、国防上の危機要因ともみなせるわけです。

したがって、いくら細かい情報を集めても、どの大きなトレンドの流れで理解するかで、解釈はかなり変わってしまうことを知っておく必要があります。

◆特別な情報を押さえる

四番目のステップは、「特別な情報の収集」です。

これは、「自分だけのネタ元」を持つということです。

歴史的には、為政者が霊能者にアドバイスを求めていたパターンが挙げられます。平安時代で言えば、陰陽師が宮廷で政治顧問の役割を果たしていましたし、鎌倉時代に執権・北条泰時のアドバイザーだった華厳宗の僧侶・明恵は霊能者でした。フランクリン・ルーズベルトは、ガンジーやケネディの暗殺を予言したジーン・ディクソンをアドバイザーとしていましたし、レーガン大統領の妻（ナンシー夫人）も占星術師のジョーン・キグリーを顧問に迎えて、演説や行事、スケジュールの相談をしていました。

現代で言えば、大川総裁が、法話で時事的なテーマを扱ったり、公開霊言というかたちで、歴史上の偉人の霊や、存命中の国家首脳の守護霊などを呼び出して、その本心を語らせているのが典型です（これらは六〇〇回以上の収録回数におよんでいます）。

実際、大川総裁は、オバマ大統領が世界の警察官の役割を放棄し、中国の習近《しゅうきん》平《ぺい》国家主席や北朝鮮の金正恩《キムジョンウン》第一書記が対外的に強硬路線を取ることをいち早く予測し、的中させています（第四章を参照）。

そのため、政財界の中心にいる一部の人にとっては大きなトレンドを予測するのに欠かせない情報源となっています。

また、高名な評論家や各界の専門家のレポートなどには、大きなトレンドをつかみ、小さな変化の兆しを記しているケースがあります。あるいは権威ある学術誌やシンクタンクのレポートの中にも有益な情報をもたらすものがあります。こうしたものを判断材料とすることで、情報解釈における精度が上がっていくわけです。

◆自ら変化を起こす

最後のステップは、「未来を予測するのではなく、自らが変化の担い手になる」ということです。

ドラッカーは『明日を支配するもの』で、「変化とは、予期できないものである。成功への道は、自らの手で未来をつくることによってのみ開ける」と述べています。「次にどうなるか」ではなく「次にどうするか」と考えることで、未来を自分の意志に従わせることができます。その意味で、「変化の担い手になる」と決意した者にとっては、情報の持つ意味が大きく変わってきます。

メディア・リテラシーとは、批評家的に情報を扱うのではなく、自らが時代変革の担い手になるための手段として情報を扱ってこそ、意味のあるものになります。批判のためのメディア・リテラシーではなく、貢献のためのメディア・リテラシーであるべきなのです。この意味で、最後は「獲得した情報を元に行動を起こす」というステップに進むべきでしょう。

【主な参考文献】

大川隆法著『理想国家日本の条件』幸福の科学出版

大川隆法著『政治に勇気を』幸福の科学出版

大川隆法著『正義の法』幸福の科学出版

大川隆法著『英語が開く「人生論」「仕事論」』幸福の科学出版

大川隆法著「一年で二千冊を読む私の方法」「ヤング・ブッダ」通巻九八号：二〇一二年二月号

幸福の科学

菅谷明子著『メディア・リテラシー』岩波新書

石澤靖治著『テキスト現代ジャーナリズム論』ミネルヴァ書房

W・リップマン著『世論（下）』岩波文庫

渡部昇一著『朝日新聞と私の40年戦争』ＰＨＰ研究所

佐々木隆著『メディアと権力』中公文庫

日下公人責任編集『誰も書かなかった「反日」地方紙の正体』産経新聞出版
「ザ・リバティ」通巻二二七号：二〇一四年一月号「トレンドを読む5つのステップ」幸福の科学出版
P・F・ドラッカー『明日を支配するもの』ダイヤモンド社

第三章

ジャーナリズムの現実と理想を考える

国民を幸福に導く使命

綾織次郎

1．ジャーナリズムの現実

◆マスコミは事実上の第一権力

第三章では、理想のジャーナリズムとは何かについて考えていきます。その理想を語る前に、現実についても知っておく必要があるでしょう。そこで、「現代社会において、マスコミとはどのような存在になっているのか」ということを考えておきたいと思います。

第二章でも触れたようにマスコミは、立法・行政・司法の三権の上にあって極めて強い権力を行使している、事実上の「第一権力」として君臨していると言われることがあります。日本ばかりではなく、欧米でも同じような事態が生じています。

ほかの三権よりもマスコミ権力が強いことを示す例は多くあります。例えば、マスコミから糾弾を受けたり、世論調査の結果を突きつけられたりすることで、大臣や国会議員が辞職するのは当たり前の光景になっています。また、司法も同様で、裁判官が重要な問題を判断する際にはマスコミの論調に強い影響を受けています。

自らの論理によって善悪を判断し、三権の上に立ち、その結果として国民の幸不幸を左右しているという意味では、マスコミこそが「現代の神」「現代のメシア」のような役割を担ってしまっているとさえ言えます。

マスコミの判断が常に正しければよいのですが、やはり彼らも大きく世論を誤らせることがあることは、すでに確認した通りです。

強力になりすぎたマスコミ権力は極めて現代的な問題であり、日本国憲法が制定された時代やそれ以前にはまったく想定されていなかった事態です。三権は互いに牽制し合う体制ができていますが、「マスコミ権力をどう牽制すべきか」ということについては、何らかの新しい考え方が打ち立てられなければならないでしょう。

◆「黙殺権」がマスコミの最大の武器

マスコミが権力を発揮するやり方はさまざまですが、その中でも特筆すべきものとして前章でも少し触れた「黙殺権」が挙げられます。何か重要な事件や出来事があってもそれを報道せず、「なかったことにしてしまう」という方法です。

この黙殺権は、いわゆる左翼メディアにおいて目立ちます。例えば、沖縄の地元新聞である「琉球新報」「沖縄タイムス」は米軍基地の危険性を書き立てる一方、中国の軍事的拡張についてはほとんど報道せず、同国の脅威など存在しないことにされているようです。

もちろん、情報の取捨選択ということもメディアの機能の一つであり、必要な情報に絞って提供することは大事ですが、世論を誘導するために恣意的に大切なことを隠すのであれば大問題です。特に、日本ではテレビや新聞などの大手メディアが横並びの報道をする傾向が強く、同じようなやり方で情報を隠すことによって情報統制のような状況が生まれています。

この「マスコミによる黙殺権」が最も顕著に現われているのが、宗教に関する報道です。初詣の様子など、すでに習俗や文化となった伝統宗教を伝えることはありますが、それ以外で宗教の活動を好意的に報道することはほぼ皆無です。

東日本大震災では、伝統宗教ばかりではなく新宗教の各団体もボランティア活動をしましたが、ほとんど報道されませんでした。その一方、宗教団体による犯罪などはしっかり報道されます。その結果、宗教は社会の裏側に追いやられ、日本という国は神仏を軽んじる唯物論的な風潮に覆われてしまっています。

これは決して世界標準ではありません。アメリカでは、日曜の午前中などに多くのテレビ局でキリスト教の説教が流れています。著名な説教師になると、三大テレビネットワークに度々出演して、社会的な問題について宗教的立場から意見を述べたりもしています。宗教性悪説に立つ日本のメディアとは大違いです。

二〇〇九年に立党した幸福実現党も、宗教政党であるため、黙殺権との戦いを余儀なくされています。同じ年の衆院選では三〇〇人以上の候補者を立てたにもかかわらず、東京キー局ではほとんど報道されませんでした。大手新聞で候補者を紹介する際も党名を記されず「諸派」で一括りにされました。

その際のメディア側の言い分は、「政党助成法の要件を満たしていないから政党として認められない」というものでしたが、政党助成法の要件は助成金を受け取るための要件であって、政党であるかどうかは関係ありません。実際、大阪維新の会も政党助成法の要件を満たしていませんでしたが一斉に報道されていました。メディア側の言い分が詭弁だったことは明らかです。

二〇一五年、中国が南京大虐殺に関する資料をユネスコ記憶遺産に登録申請した問題で、幸福実現党は早くからこれを問題視して活動を展開していましたが、各マスコミはこれも黙殺しました。登録が決まった後になって大騒ぎしていますが、宗教政党の活動を黙殺した結果、日本の国益を大きく損なう事態を招いてしまったのです。

◆宗教家・政治家を罪悪視する左翼ジャーナリズム

健全な世論の形成を妨げている典型は、左翼ジャーナリズムでしょう。

一般的に左翼ジャーナリズムと言うと、朝日新聞、毎日新聞、東京新聞、岩波書店、テレビ朝日やＴＢＳなどが挙げられます。しかし、一般的に保守とされる読売新聞や中立的な日経新聞でも意外と左翼的な記事は多いですし、保守の中心とされる産経新聞でもバブル潰しの言論を展開しています。その意味で、日本のマスコミ界に左翼的な発想が広く根を張っていると言えるでしょう。

もちろん、左翼ジャーナリズムがすべて問題だというのではありません。日本国憲法でも国民の「幸福追求権」（第一三条）がうたわれていますが、弱者の立場に立って一人ひとりの幸福を目指そうとする姿勢は尊重されるべきものです。しかし、一人ひとりを大切にするといっても、全体の国益を損ねてはなりません。左翼マスコミにはこのバランス感覚に問題があることが多いのです。この点については後に触れます。

左翼ジャーナリズムの特徴を考える際に、古代ギリシャの哲学者プラトンの思想が参考になります。プラトンは、国家が理想的なものとなり正義を実現するためには、哲人政治家の「智慧」、軍人の「勇気」、商人の「節制」という、それぞれの徳がうまく組み合わさることが大事だと説きました。左翼ジャーナリズムは、国家にとって大切なこれらの徳を否定する傾向が強いのです。

プラトンの言う「哲人政治家」は宗教家のような要素を兼ね備えていますが、左翼ジャーナリズムは、宗教に対しても政治に対しても批判的な見方をします。マスコミが宗教を黙殺していることはすでに述べましたが、政治家についても「政治家は悪いことをする」という基本スタンスで報道しています。

マスコミは「政治とカネ」の問題を追及することが多いのですが、政治家は政治資金の収支報告が合わないだけで重罪人扱いされてしまいます。例えば、少し前に、松島みどり元法相が「うちわが賄賂に当たるかどうか」を追及されて辞任しました。政治家として行った仕事の結果責任ではなく、些末な問題で首を斬られることが年中行事になっているのです。

古くは、田中角栄元首相の「ロッキード事件」がありました。アメリカの航空機メーカーであるロッキード社が田中首相に賄賂を贈っていたという事件です。確かに、田中首相にも問題はあったでしょうが、マスコミが田中首相を極悪人にしたがるあまり、その声に押された裁判所が刑事被告人に保障されているはずの「証人への反対尋問」を認めないなど、異常な状況になりました（本章5節を参照）。

◆軍事と経済繁栄を嫌悪

第二に、左翼ジャーナリズムは軍人の「勇気」という徳も否定します。例えば、二〇一五年の安保法制（平和安全法制）の制定についても、日本が戦争に突き進むための「戦争法案」だとして反対の論陣を張りました。しかし、安保法制は、ほかの国には認められている「集団的自衛権」（同盟国が攻撃された場合に反撃する権利）を日本にも認めるもので、おかしいことではありません。

軍事的に膨張を続ける中国や核武装を進める北朝鮮の脅威に曝《さら》されている日本人としては、自らの国を守ることは当然ですが、周辺諸国を脅かすこれらの行為を放置するわけにはいきません。それは「正義」をないがしろにすることでもあるからです。極端な平和主義を奉じる左翼ジャーナリズムには、「悪を押し止めることは善である」という正義の観点が欠けていると言えるでしょう。

第三に、左翼ジャーナリズムは前述の通り、経済的な徳にも否定的です。例えば、ビジネスに携わる人や事業家が、自助努力してお金を稼いだり、新しい仕事を創ったり、社会が経済的に繁栄することを素直に喜ばない風潮があるのです。

日本の地価や株価が高騰していた八〇年代後半には「バブル潰し」の大合唱をして二五年にわたる超低成長時代を招きましたし、二一世紀に入って緩やかな好景気が始まろうとしている時期には、「ＩＴバブル潰し」をやっています。これは、努力して繁栄を築くという「資本主義の精神」を傷つけていると言えます。

特定の企業家を狙い撃ちにして葬るということも、よく行っています。例えば、一九八八年の「リクルート事件」では、創業者の江副浩正会長が標的になりました。リクルート関連企業の未公開株を政治家に譲渡したことが贈賄罪だと言われましたが、このときもマスコミの「江副叩き」に動かされた検察や裁判所が、法律上無理のある解釈によって有罪判決をくだしています。

しかし、経済的に成功するには智慧も努力も必要です。それを否定すると、成功者がいなくなり、国も衰退していきます。もちろん、成功した人が騎士道精神によって社会還元を行うことも大切です。プラトンは商人としての徳を「節制」と言いましたが、現代的に解釈するならば、経済人の徳として、「自助努力」や「騎士道精神」をしっかりと啓蒙していくことがジャーナリズムの役割であるべきでしょう。

プラトンが重視した国家のいくつかの柱に対して、左翼ジャーナリズムが歪んだ見方をしていることを見てきました。

◆全体の幸福と個人の幸福の「中道」とは

それでは、これらの問題点を解決することができるでしょうか。先ほど、左翼ジャーナリズムは、「個人の幸福」を重視するあまり、「全体の幸福」を見失いがちだと述べました。

順序として、まずは「最大多数の最大幸福」を目指すことが大事です。そのためには、宗教、政治、軍事、経済を悪者扱いするのではなく、その必要性や善悪について真摯に議論することが求められるでしょう。その上で、幸福の網からもれた人たちへ個別に配慮することが大切になります。この順序を踏まずに最初から、網からもれた人たちを中心に議論を組み立てると極論に走りがちになるのです。

個人の幸福と全体の幸福のどちらかに偏らないということは、仏教的には「中道」という言葉に当たるでしょう。弱者や少数派を救済する議論を中心にしてそれを全体に広げると中道から外れ、国家が沈んでいくことになりやすいのです。

仏教における中道とは、「正しい道」でもあります。中道を求めるとは、第一章で述べた「正しさの探究」「正義の探究」と同じことです。したがって、そこで述べた「神仏の子の自覚を促す」「時間的・空間的に広げて考える」「全員の幸福を目指す」という正義の基準で考え続けることが、左翼ジャーナリズムへの啓蒙にもなると言えるでしょう。

こうした現代のマスコミの問題点と、それをどう改善していくかについては、続編の『愛と勇気のジャーナリズムⅡ【マスコミ改革編】(仮題)』で中心的に掘り下げていきます。

2. 国民を幸福に導くジャーナリズム

◆正邪の判断をするには「智慧」が必要

ここからは、マスコミの問題点のポイントを踏まえながら、国民を幸福に導くことができる理想のジャーナリズムとは、どのようなものかを考えていきたいと思います。

まず指摘しておきたいのは、「価値判断の材料を提供する」「価値判断そのものもしていく」必要があるということです。つまり、「何が正しいのか」「どちらが正義の側なのか」ということを、国民に示せるかどうかが問われるわけです。しかし、現実問題として、「何が正しいのか」は簡単には分かりません。例えば、宗教的・歴史的背景が複雑に入り組んでいる中東情勢は、単純にどちらかが正しくてどちらかが間違っているというものではないため、多少勉強したぐらいでは判断できません。簡単に答えを出せないような問題については、「智慧」がなければ判断できないからです。大川隆法総裁はこう指摘しています。

世界が混沌とし、紛糾しているのは、明確な智慧がないからです。智慧がはっきりとしていれば、判断ができます。判断ができたものは、必ず片付いていくでしょう。

そういう意味において、「いかなる智慧を形成するか」ということが、とてもとても大事なことであるのです。それを、まず申し上げておきたいと思います。

『正義の法』二二九ページ

私たちは、「何が正しいのか」ということを探究し、「智慧の力」によって、正義を確立しなければなりません。

そして、この意味において、

「何が愛なのか」ということを考えるべきなのです。
「多くの人々にとっての愛」と「個人的な愛」とは少し違います。
いや、かなり違います。
もし、智慧の不足によって、国が破壊されるならば、
それは愛ではないと思います。
また、智慧の不足によって、もし、悪しき国が他国を侵略し、
多くの人々がその悪しき侵略によって苦しむのならば、それは悪です。
そのときには、国連や他の大国が、
その悪事を止めるべきなのです。それが正義です。
私たちは、愛について、「個人的なもの」と考えがちですが、
国際政治において、戦争や内戦が起きた場合には、
智慧の視点から正義を求めなければなりません。

『正義の法』五四〜五五ページ

ジャーナリズムにおいて、智慧をもって正邪を判断するのは極めて難しいのが現実です。しかし、ジャーナリズムが持っている影響力の大きさを考えると、「難しいからできない」と言っていては済みません。一つの記事が政局を変えることがありますし、場合によっては国の命運を左右したり、戦争を引き起こしたりすることもあるからです。

しかし、智慧あるジャーナリズムであれば、国を繁栄に導いたり、戦争を止めて平和を実現したりすることも可能になります。

◆智慧が不足すると原因と結果が逆転する

では、智慧とはどういうものでしょうか。その答えは、やはり仏教的精神の中にあります。

仏教とは、人々が智慧を得ることによって、迷いや間違った考え方から自由になることを目指す教えです。そして、智慧を得るには、「現在の行為が将来の幸不幸にどうつながるのか」「あの世に還ったら天国と地獄のどちらにいくことになるのか」という因果を見極める力が必要になります。この因果の理法（縁起の理法）を学び、実践することで、幸福をつかむというのが仏教的精神です。

ところが、現実には、原因と結果をひっくり返して考えてしまう場合が多いのです。

例えば、貧富の問題を考えるときに、金持ちが搾取したことが原因で、貧しい人が生まれたと考える人が少なからずいます。この考え方に立つと、金持ちから税金を取って、貧しい人に再分配する政策が正しいように思えます。

しかし、仏教の考え方に従うと、基本的には、何年、何十年と積み重ねてきた思いと行い、努力と工夫によって、豊かな人と貧しい人とに分かれてくるという解釈をすることになります。あるいは、人生のさまざまな選択によって運命が分かれてきた部分もあると考えます。いずれにしても、「原因は自分にある」という基本的な姿勢があるわけです。不幸の原因を政府の政策や金持ちのせいにする考え方とは、まさに正反対です。

どういう宗教的信条を持っているかによって、判断がかなり変わってくるため、どちらの考え方が、幸福な結果をもたらすのかを考える必要が出てくるのです。

これを仏教では、「正見」と言います。正見とは、反省の教えである八正道の一番目にくるものです。大川総裁は、「正見」の大切さを次のように述べています。

正見というのは、あくまでも、正しい宗教的信条に基づいたものの見方です。これを外した見方をしても正見はできないのです。したがって、邪教でもだめですし、宗教的信条を持っていない人の見方も正反対になります。そうした人たちは基本的に正見ができないのです。

ですから、八正道の前提としては、正しい宗教的信条を持つことです。特に、現代の日本であれば、まず幸福の科学的価値観を受け入れ、これを信じなければ、

ものごとは正しく見えないということです。これが正見であるわけです。

『仏陀の証明』二三三～二四ページ

幸福の科学的価値観とは、「人間は永遠の生命を持っており、魂修行のために何度も地上に生まれ変わっている」という霊的人生観を中心としたものです。これは、先に述べた仏教的精神のことでもあります。貧しい家に生まれて、努力を重ねて繁栄を実現するというのも魂修行として大事なことですし、豊かな家に生まれて、堕落せず、人々の幸せのために尽くすということも大事な魂修行です。今回の人生で、どういう境遇に生まれ、どういう修行をするかは、過去の自分の行いなどによって決まってくるのです。

この世の人生は必ずしも平等ではありませんが、それは、過去世での修行や行い、カルマなどが影響して、今世の人生が展開しているからです。

今世で行ったことの因果は、今世で完結するわけではありません。あの世に還ってからの人生がまだあり、「来世、どのような天国または地獄へ行くか」「来々世、地上に生まれ変わって、どのような人生を送るか」というところまで、全部つながっていくのです。

そういう「過去・現在・未来」の時間の流れから見れば、因果の理法は完璧であり、誰一人、それから逃れることはできません。

仏陀は、「長い時間の流れから見れば、因果の理法は、百パーセント、完璧に働いている」ということを認めているのです。

そういう因果の流れがあるからこそ、修行の意味があるわけです。（中略）

仏教は、その悪しき因果を断ち切るための方法を教えているのです。

『「復活の法」入門』三〇〜三一ページ

こうした因果の理法に基づく霊的人生観を持つと、境遇のよし悪しがそのまま幸不幸を決めるのではなく、与えられた環境の中でどう生きるかで幸不幸が決まることが分かってきます。

人々の幸福や社会の幸福の実現ということを考えるのであれば、このような人生観を持つジャーナリストが言論活動を展開することが非常に大切になります。そうしたジャーナリストであれば、いたずらに豊かな人への嫉妬心を煽《あお》るようなことはしないでしょう。また、貧しい人には自助努力の大切さを訴え、豊かな人には騎士道精神に基づく奉仕の精神の大切さを訴えることにもなるでしょう。そこには、貧しい人も豊かな人も、それぞれの立場で努力し、向上していく道が示されます。

しかし、人生はこの世限りだと考えているジャーナリストであれば、この世における境遇の違いは、理不尽な格差としか思えなくなるため、この世で正義を実現するために、金持ちから富を奪って貧しい人に分ける必要を訴えることになっていきます。しかし、その考え方は奪い合いの心を助長し、闘争の世界を生み出します。そのいき着く先は、かつての共産主義国家を見れば明らかでしょう。

3. 福沢諭吉と先見力

◆国を守るために命を捨てよと国民に呼びかけた福沢諭吉

智慧を使って世の中をよい方向に導いていったジャーナリストや言論人を具体的に見ていきましょう。

まずは、福沢諭吉です。

福沢は慶應義塾大学を創設した明治を代表する教育者として知られています。一方で、啓蒙思想家としても多くの著作を出し、時事新報という新聞社を立ち上げて、広く国民を教育しました。また、福沢はジャーナリストとしても活躍しており、近代におけるジャーナリズムの出発点に立っている人です。

当時の時代環境を振り返ってみましょう。一九世紀後半、特に一八六〇年代、一八七〇年代あたりから、欧米列強によるアジア侵略が激化しました。アジアの国々は、この侵略的行動に対して何ら有効な手を打つことができず、日本にも植民地支配の危機が迫っている状況でした。当時、アジア・アフリカのほとんどの地域がすでに植民地支配の下にあり、独立国という存在自体が珍しいという状態です。すでに隣国の清は、アヘン戦争以降、沿岸部を欧米列強に切り取られてしまっていたため、まさに「次は日本」という状況だったわけです。

そこで、日本では明治維新が起きて、近代化を急ぐことになりました。当時の士族を中心とする日本のリーダーたちは、「何としても日本の独立を守る」という共通認識を持っていました。そういう時代の空気の中で、独立を守るための具体的な手立てについて意見発信をしたのが福沢でした。

例えば、明治五年（一八七二年）から発表した『学問のすすめ』では、「国が恥《ち》辱《じょく》を受けたときは日本国中の人々が一人残らず命を捨てても国家の威光を守ることこそ、一国の自由独立というべきものである」と述べています。

福沢と言うと、欧米流の個人主義的な考え方の人というイメージがありますが、実際には「国を守るためには命を捨てよ」とはっきり言っています。そうしなければ国の独立が保てないため、国民一人ひとりの自覚を促し、奮起することを期待したわけです。個人の力の期待ということでは、次のようにも述べています。

国の文明は、上にある政府から起こるものではなく、下にいる庶民から生じるものでもなく、必ずその中間から生じて、庶民の向かうべきところを示し、それが政府と並び立ってはじめて成功を期待できるのである。

西洋諸国の歴史を考察すると、商工業のことで、一つとして政府が創造したものはない。その創造のもとは、皆、中等の地位にある知識人の工夫によってできたものばかりだ。（中略）その工夫・発明が、まず一人の心の中にできると、これを公表して実社会にいきわたらせるために、民間の組織をつくり、ますます事業を盛んにする。こうして、世の人々にはかりしれないほどの幸福を後世に遺すのである。

『学問のすすめ』八一～八二ページ

福沢が生涯をかけて啓蒙したテーマは、「一身独立して一国独立す」という言葉に集約されます。当時としては後進国に過ぎなかった日本の独立を守ることは、国民一人ひとりが経済的にも精神的にも自立することなくして成し得ないと考えたのです。

◆『学問のすすめ』で欧米の価値観に真正面から異を唱える

この考え方を、前節で述べた因果の理法で考えてみましょう。

植民地になってしまったアジア・アフリカの国では、欧米列強の考え方をある意味で受け入れてしまったところがあります。つまり、「有色人種は、白人と比べれば人間と神、あるいはサルと人間ぐらいの差があるため、支配されるのは仕方がない」と考えてしまったわけです。近代以降に発達した科学技術は白人がつくり出したわけですが、有色人種ではそんなことはできないと思い込んだのです。この考え方は、神様は優秀な白人とそうではない有色人種と分けてつくったという白人の〝宗教的信条〟を受け入れたということにもなります。

福沢諭吉はこの考え方に対して、真正面から異を唱えました。それが『学問のすすめ』の冒頭の有名な言葉「天は人の上に人をつくらず、人の下に人をつくらず」です。

つまり、天が人を生み出すにあたっては、みんな平等であり、身分の差別などはないと断言したわけです。この考え方は多くの宗教に共通するものですし、欧米列強の白人たちの信じているキリスト教でもそう言っています。にもかかわらず、世界で実際に行われていることは、有色人種を人間扱いしないような人種差別でした。そこで福沢は当時の国際社会の「常識」に対して、『学問のすすめ』の冒頭で異議申し立てをしたわけです。同書では、続いて次のように説明しています。

けれども、今、広くこの人間世界を見渡すと、かしこい人がいて、おろかな人がいる。貧しい人も、富んでいる人もいる。身分の高い人も、低い人もいる。その様子は、雲泥の差があるように見えるのはなぜだろうか。（中略）賢人と愚人との違いは、学ぶか学ばないかによって、できてくるのだ。

『学問のすすめ』一四ページ

まさに、これが「正見」というものでしょう。正しい人生観がベースにあって、その上で何が人間の違いを生むのかについて明確に述べています。人種によるのでなく、その人の学んだことや努力したこと、智慧として体得したことによって人間の違いが生じるということです。

たまたま現段階において、白人社会が近代的な科学技術を持っているからと言って、植民地支配を受け入れなければならないという理由にはなりません。そのような人種差別的な考え方は間違っていると明確に述べ、国民一人ひとりに学問に励むことをすすめ、独立自尊の生き方を説きました。

これは、まさに「価値判断をした」ことになります。欧米列強の白人優位の考え方は間違っていると判断し、その植民地支配に異を唱えずに従うことも間違いだと判断し、今後のいくべき方向として、学問を修めて独立せよと訴えたわけです。

この福沢の言論活動が正しかったことは、明治以降の日本の歴史を見れば明らかです。日本は独立を維持し、近代化に成功しました。その結果、欧米列強の植民地となって塗炭《とたん》の苦しみを味わうという不幸から逃れることができたのです。その先見性、構想力は、同時代の言論人の中でも抜きん出ていたと思いますし、国民教育という点でも傑出した業績を遺したと言えます。

◆政府のためではなく、国家のための言論活動

福沢諭吉が時事新報という新聞社を立ち上げたのは一八八二年です。その創刊号では、「唯我輩の主義とする所は一身一家の独立より之を拡《おしひろ》めて一国の独立を及ぼさんとするの精神」で報道し、論陣を張ると述べています。

当時の新聞は大きく「大新聞」と「小新聞」という二つの種類がありました。大新聞というのは、内外の政治情勢を中心に書いた党派性の強い新聞です。一方、小新聞というのは、市井の出来事や娯楽の読み物を中心とした新聞です。

時事新報は、多くの大新聞とは違って、特定の政党に偏らない独立的な立場の言論機関であるという位置づけでした。いわゆる不偏不党を標榜した最初の新聞と言ってよいでしょう。当時、福沢と並ぶ言論人だった福地源一郎が経営する東京日日新聞が圧倒的な人気を誇っていましたが、こちらは典型的な大新聞で、政府の立場で論陣を張っていました。したがって、同じく政治情勢を論じる新聞でも、

時事新報とはかなり性格の違うものでした。福沢は、自身の立場を「政府の提灯は持たないが、国家の提灯を持つ」と説明していました。実際に、国家的立場で大所高所から言論活動を展開し、結果的に国民の人気を集め、部数においても影響力においても日本一の新聞をつくり上げることになりました。

◆福沢諭吉に先見性があった理由

福沢諭吉は、『学問のすすめ』のほかにも多くの著作を遺しています。例えば、『西洋事情』は当時の大ベストセラーとなり、議会制度や教育制度、近代的な病院など、いち早く西洋の政治や文化を紹介しています。また、『帳合之法《ちょうあいのほう》』という簿記のテキストを翻訳したり、損害保険をはじめて日本に紹介したりするなど、経済にも詳しく、門下生からは松永安左衛門や小林一三など錚々《そうそう》たる経済人も輩出しています。

まさに言論と教育によって、明治期の文明開化をリードしたわけです。

ではなぜ、福沢は、このように、判断力、先見力、構想力に優れていたのでしょうか。大川総裁の次の言葉に一つの手がかりがあります。

「智謀のリーダーシップ」について言えば、「智慧の部分を磨く」「いろいろな知識・情報等を集めつつ、それを実践において体得し、智慧に変える」「経営者としての悟り、あるいは、ビジネスマンとしての悟りのようなものを身につけていきながら、『自分が現にある立場において、なすべき仕事とは何なのか』という問いに対して答えを出す」、こういう人が、「智謀のリーダー」ということになるでしょう。

『智慧の法』二一七ページ

経営者としての文脈で語られていますが、オピニオン・リーダーとしての福沢にも十分当てはまる言葉です。

つまり、目の前に起こっている現実に対して、その時代に責任を持つ当事者として何をなすべきかを考え、その答えを示すことで、福沢は明治における〝智謀のリーダー〟となったわけです。同時代の人で西洋を見聞したのは福沢以外にもたくさんいました。にもかかわらず、なぜ、福沢がオピニオン・リーダーになり得たのでしょうか。

一つには、単に視察して歩いただけでなく、「近代国家とは何か」「近代文明とは何か」という目で、西洋文明の〝本質〟を見極めようとしていたことが挙げられるでしょう。そして、「どうしたら日本の独立を守れるか」「どうすれば日本が西洋に伍する国家になり得るか」ということを当事者として真剣に考え抜いたことも大きかったはずです。

西洋諸国が近代化した原因は何か。アジア諸国ができなかった原因は何か。日本が近代化するにはどのような種を蒔く必要があるのか。こうした因果関係を見極めようとしたからこそ、見聞した知識が「智慧」として結晶化していったのです。
先見力については、大川総裁はこう述べています。

先見力を磨いているというよりは、私がこうあるべきだと思って見ていることが、ある意味での設計図を引いている。その設計図に合わせて時代が動いてくるのです。

二〇一五年二月一五日法話「先見力の磨き方」

ここで述べているのは、「未来において人々にとって幸福な社会というのは、こうあるべきだ」という価値判断が、未来の設計図になっていくということです。「こうあるべきだろう」という意志によって構想し、それが現実化すれば、結果的に先見性を示したことになるわけです。福沢のなした仕事は、まさにこの通りのところがありました。ジャーナリズムとは、このような仕事であるべきでしょう。

4.ドラッカーと洞察力

◆全体主義の脅威を食い止めるための言論活動

智慧を使って世の中をよい方向に導いた言論人として、ドラッカーについても採り上げたいと思います。ドラッカーといえば「マネジメントの父」として知られています。経営学者として数々の名著を残し、アメリカや日本の企業の指導をしてきた人ですが、実は、新聞記者としてキャリアをスタートしています。実際、ドラッカーの名前が世界的に知られるようになったのは、経営学者としての仕事ではなく、ジャーナリストとしての仕事でした。

一九三一年頃、ドラッカーはドイツの新聞記者として、ナチスのヒトラーに直接インタビューをしています。当時、ナチスはまだ第五党の弱小政党でしたが、ドラッカーはナチスの危険性にいち早く気づき、警鐘を鳴らす記事を書きました。その後、ヒトラーは政権を獲ることに成功し、イギリスやフランスが融和政策を展開していたことを尻目に、オーストリアやチェコ・スロバキアなどを併合し、ヨーロッパにおける支配権を拡大していきます。

こうした国際情勢を受けて、ドラッカーは全体主義の危険性を鋭く指摘した処女作『「経済人」の終わり』を一九三九年に発刊します。イギリスの海軍大臣だったチャーチルは英高級紙タイムズにこの本の書評を書いて絶賛します。チャーチルが首相に就任する一年前のことですが、「ドラッカー氏は、この人のことなら何でも許してあげようという気にさせる文筆家の一人だ。確固とした信念を持つと同時に、ほかの人たちにも刺激的な発想をさせてしまう才能も併せ持つ」などと激賞し、軍人らにも必読書として薦めたと伝えられています。ナチスの本質を鋭く突いていたため、この本を読まなければナチスと戦うことはできないと考えたわけです。

ドラッカーは一九三〇年代の段階で、ナチスの全体主義が、マルクス主義など近代政治に対する幻滅から生まれたものだと分析し、キリスト教会もこうした大衆の絶望に対して十分応えることができず、全体主義の興隆を招いたと指摘しました。この段階でナチズムの本質を正確に見抜いたのは、ものすごい洞察力です。

ドラッカーの洞察について、大川総裁は次のように指摘しています。


ドラッカーは、これらを分析して、「全体主義、ファシズムの基本綱領は否定である」と述べています。

「とにかく、否定ばかりする。前にあるものを否定する。伝統を否定する。そこにあるものを否定する。とにかく、『否定、否定、否定』であって、『自分が何をする』ということは言わずに、すべてを否定していく。全体主義の唯一の綱領は否定である」ということを述べているのです。（中略）

しかし、「自分が責任を持って何をしたいのか」ということについては、述べません。これが、全体主義、ファシズムの基本綱領です。

『この国を守り抜け』三〇〜三三ページ

ドラッカーはその後、ジャーナリストからエコノミストとなり、さらにはアメリカに渡ってマネジメントの研究に励みました。ここから経営学者としてのキャリアが始まりました。

ドラッカーの問題意識は、国際的な大企業は、ナチスのような全体主義の防波堤となり得るというものでした。ドラッカーの考えるマネジメントとは、ヒトラーのような一人のカリスマに頼ることなく、社員一人ひとりが小さな企業家となって、自分の責任において成果を上げていくというものです。否定ばかりで、「自分が何をする」ということは言わない全体主義に対し、一人ひとりが「自分が何をする」ということを明確にすることをマネジメントの理論として展開したわけです。

ドラッカーは、ジャーナリストから転職して経営学者になったのではなく、全体主義の不幸から人々を守るためにどうすればよいかを考え、その答えとしてマネジメントを発明したのです。ドラッカーは自身の本質を「文筆業」にあるとしており、世の中をよい方向に導くために、著作を通して経営思想を世界レベルで啓蒙していきました。ドラッカーは経営学者としての側面が有名ですが、仕事の原点は文筆による啓蒙活動があったことを確認しておきたいと思います。

前節では、福沢が、国を富まして独立を守るためには、中間層の人々が自分たちの責任において何ができるかを考えて行動すべきだと訴えたことを紹介しました。これは、ドラッカーが、マネジメントを通して一人ひとりが企業家となって、自己責任の下で成果を上げていくべきだと訴えたことと共通するものがあります。両者とも、避けられない大きな脅威が襲ってきたときには、一人ひとりが自己責任と自助努力の精神を発揮すれば道を切り開くことができると訴えたわけです。

◆深沈厚重《しんちんこうじゅう》となって洞察力を磨く

では、どのようにすれば、ドラッカーのような洞察力を身につけることができるのでしょうか。大川総裁は、「深沈厚重《しんちんこうじゅう》」であることの大切さを説いています。深沈厚重とは、中国・明の儒学者・呂新吾《りょしんご》が『呻吟語《しんぎんご》』という著作で、第一等の人物の説明として用いた言葉です。「どっしりとして落ち着いた深みのある人物」といった意味です。

たくさん勉強をして情報を手に入れれば、知識が増え、知識人間や情報人間にはなれますが、智慧のある人間にはなれません。いわゆるジャーナリスティックな人間、つまり、常に情報が流れ込んできていて、それを右から左へ流すような情報処理ばかりしている人は、智慧のある人間とは言えないのです。

世の中には、知識や情報は持っているのに、何か賢くない感じのする人がいるでしょう。テレビをつければ、そのような人はたくさん出てきます。彼らは、物知りで、いろいろなことを知っていますが、智慧があるわけではありません。

智慧が生まれてくるためには沈黙が必要なのです。沈黙の時間のなかで深く考え、磨き込む必要があります。これが「深沈」です。

さらに、「厚重」です。物事に軽々しく反応して軽挙妄動するようでは、智慧が身についてきませんし、どっしりとした感じにもなってこないので、本当の大将にはなれないのです。（中略）

もともとは、情報感度の高い人のほうがよいのですが、しだいに深沈とした性格になって、深く考え込み、智慧を磨いていかなければなりません。その智慧を練り上げる間に、重い性格というか、そう簡単には動かない、どっしりとした性格をつくり上げていく必要があります。

『ストロング・マインド』二二五〜二二六ページ

ジャーナリスティックであるというだけでは、洞察力は出てこないのです。ジャーナリズム論としては矛盾するようですが、そうではありません。

ジャーナリストの第一段階としては、次々と新しい情報を右から左へと捌《さば》いていく力が必要です。その意味では、まずはジャーナリスティックであるべきです。しかし、その能力だけに止まっていると、深い洞察は出てきません。大量の情報を捌くだけでなく、沈思黙考する時間を取っていくと、少しずつ智慧が出てくるようになります。ジャーナリストでありながらも、ジャーナリストを超えた思想的な影響力、感化力というものが出てくるわけです。福沢諭吉にしても、ドラッカーにしても、ジャーナリストとして活動していながら、ジャーナリストを超えて、思想家・啓蒙家としての色彩が強くなっていきました。理想のジャーナリズムを考えるのであれば、やはりこのレベルの境地を目指したいものです。

◆霊的な洞察を得るための方法

沈黙の大切さについては、次節で採り上げる渡部昇一氏がさまざまなかたちで述べています。渡部氏と言えば、知的生活を推奨したことで有名ですが、知的生活のポイントとして、受身の状態で沈黙の時間を取ることの大切さを述べています。また、その中で得られる小恍惚《しょうこうこつ》の大切さについて触れています。それは、夕暮れの空を飛んでいく鳥を見て、その美しさに思わず我を忘れるような幸福感です。読書をしていて何か小さな発見をしたときの幸福感も小恍惚と言ってよいと思います。

宗教家であれば、大恍惚という悟りの体験というものがあるのですが、通常の場合は、小さな発見、小さな悟りの体験が洞察力と直結してくるわけです。大川総裁は、小さな悟りの積み重ねが人を導く力になると指摘しています。

自分自身で、「なるほど、こうすればよかったのか。これで迷いは吹っ切れるの

だ。これで悩みは切れるのだ。これで解脱することができるのだ」という、小さな悟り、いわゆる「小悟」を得ることです。「小悟、限りなし」であり、毎日毎日、あるいは、一週間に一回か、一カ月に一回ぐらいは、何らかの悟りはあると思うので、そういう悟りを積み重ねていくことが大事です。

そのように、真理知識、仏法知識というもの、教学というものをベースにしながら、それを自分の実体験に生かし、智慧に変えていくことです。

そして、自分自身の智慧になったものは、それでもって人を導くことができます。同じような問題で悩んでいる人に対して、悟りの言葉を述べ、一転語を与え、立ち直らせることができるようになるのです。

『幸福の法』二六四〜二六五ページ

さらに宗教的に説明するならば、八正道の「正定」が大事になります。先に、八正道の一番目の正見について述べましたが、正定は八正道の八番目の項目になります。つまり、反省における最終段階に位置づけられます。

正定とは、もともとは坐禅そのものを指します。確かに、日常生活のなかで、電話をかけたり、人と話をしたり、事務仕事をしていたりすると、この三次元世界から心を遊離させていくということが非常に難しいのです。

その意味で、部屋のなかでも別な所でもけっこうですが、外部から邪魔されない環境において、自分独りの静かな時間をとって、澄みきった湖水を通して湖底の貝殻や小石を眺めるように、自分自身を静かに眺めていく必要があります。坐禅のポーズそのものに、それほどこだわる必要はありませんが、静かな瞑想的な時間をとって、正信・正見・正思・正語・正業・正命……と点検していきます。この点検作業そのものが、実は正定になっていくのです。

これをずっと行なっていくことにより、だんだん禅定が深くなってきて、心が三次元から遊離してくるようになります。そうすると、心のなかのモヤモヤ、イライラといったものから離れることができるようになります。また、悪霊波動から も離れることが可能になってきます。心が非常に落ちついて、精妙な気分になってきます。

そのときに、身体が温かくなって、何ともいえない幸福感が満ちてきます。この幸福感は、この世的な幸福感とは取り替えることができないものです。この、しみじみとした悟りの幸福感、悦び、魂の自由さ——これは、この世的に値打ちがあるといわれる他の何ものにも替えがたいものなのです。

この正定の体験をすることによって、人は実在世界との交流をすることが可能になり、本来の自己のあり方というものを知るようになっていきます。

かくして、正見から正定までがつながってくるわけです。

『仏陀の証明』四七〜四九ページ

ジャーナリズム論の趣旨からやや外れる印象を受けるかもしれませんが、洞察力を考える上では、悟りを上げていくという宗教的な要素は欠かせません。

実在界との交流によって優れた洞察が生まれるということですが、もう少し具体的に言うなら、守護霊や指導霊からインスピレーションを受けられるようになるということです。

例えば、ソクラテスはダイモン（神霊）と常に会話をしていたことは有名です。ダイモンからは、「何かをしなさい」という積極的なアドバイスはありませんでしたが、「してはいけない」というアドバイスをもらっていたと伝えられます。つまり、ソクラテスは、単に勉強をしてさまざまな知識を持っていただけでなく、霊的な洞察を背景にした智慧を持っていたからこそ、歴史に名を残す賢人となったわけです。

渡部氏も、何かを判断する際には、「母親だったら何と言うだろうか」ということを心の中で問いかけると、分かりすい方言の大和言葉で返事が来るという趣旨のことを述べています。おそらく、守護霊や指導霊からのインスピレーションもあったと理解してよいでしょう。

つまり、洞察力を磨くには智慧を得ることが必要であり、智慧を磨くには、八正道でいう正見や正定が大事になるわけです。そうしてはじめて物事の因果を見極めることができるのです。

5．渡部昇一と勇気

◆マルクス思想、東京裁判史観との戦い

三番目に、ジャーナリストではありませんが、言論人として活躍する渡部昇一氏を採り上げます。渡部氏は、戦後の言論界をひっくり返すような大きな仕事を二つしました。

一つは、マルクス主義、マルクス思想との闘いです。マルクス主義は、貧困の原

因を資本家の搾取に求める考え方ですから、自助努力とは正反対です。一方、渡部氏は、知的生活からの自己実現を説いたことで知られます。マーフィの思想を日本に紹介したことでも有名ですが、潜在意識の力で成功するということも説いています。そうした思想を背景にして、マルクス主義と対決しました。

その中心的な主張は、「私有財産は決して侵害してはならない」ということです。富裕層に重税を課して貧困層に配るという発想の間違いを指摘した『歴史の鉄則』や『自由をいかに守るか　ハイエクを読み直す』などの著作が有名ですが、個人の自由を守るには、私有財産を侵してはならないと一貫して主張しています。

もう一つは、東京裁判史観との戦いです。

東京裁判史観というのは、先の大戦において、日本のアジア侵略に対し、アメリカを中心とする民主主義の国々が立ちはだかって、日本を打倒したとする歴史観です。それに対し、渡部氏を中心とする保守系の言論人は、一五、六世紀から始まっていた白人優位の植民地主義に対し、有色人種である日本が立ちはだかって、欧米を打ち破ったとするのが正しい歴史観だと訴えたのです。日本が立ち上がって欧米と戦わなければ、欧米列強の植民地支配や人種差別はその後何世紀も続いていたという主張です。戦前の国際連盟の時代は、独立国は四〇とか五〇といった数でしたが、現在はだいたい二〇〇カ国ぐらいにまで増えています。一五〇から一六〇カ国もの独立国が戦後誕生したわけですが、それは日本の成果だという歴史観です。

◆歴史教科書問題で一人立ち上がる

具体的な歴史認識についても、従軍慰安婦や南京大虐殺などの問題で日本には責められるべき罪はないことを訴えましたが、ここでは一九八〇年代の教科書誤報問題について少し紹介します。

一九八二年に、多くのメディアが、文部省（現文部科学省）は歴史の教科書の記述を検定で改めさせたと報じたことが事の発端でした。具体的には「華北に侵略」という記述を「華北に進出」と書き換えさせたという内容で、多くの新聞が裏取りもせずに、この報道に追随したのです。ところが、実際にはそのような書き換えを行った教科書はありませんでした。そのことを知った渡部昇一氏は、「諸君！」という雑誌に「萬犬虚《ばんけんきょ》に吼《ほ》えた教科書問題」という論考を載せたほか、竹村健一氏の「世相を斬る」というＴＶ番組にも出演して同様のことを述べたのです。すでに世間を騒がせていた教科書問題について、根も葉もない話だったと指摘したために、大きな反響を呼びました。その結果、産経新聞などは、一八面のトップ記事で、「読者に深くおわびします」という大見出しを掲げて、訂正しました。ところが朝日新聞は、「一部にせよ、誤りをおかしたことについては、読者におわびしなければなりません」「ことの本質は、文部省の検定の姿勢や検定全体の流れにあるのではないでしょうか」などと、訂正し謝罪しているのかよく分からない記事を書いた上に、結局、文部省批判をしてお茶を濁しました。

教科書誤報問題は、誤報であったにもかかわらず、その後、国益上、深刻な影響を与えることになりました。教科書の検定のあり方が変わってしまったのです。「近隣諸国条項」というものが検定基準の中に取り入れられ、中国や韓国などの近隣諸国からの批判に耳を傾け、十分に配慮して歴史の記述をしなければならなくなりました。

その結果、「侵略」という表現があってもスルーされるようになり、「慰安婦」や「強制連行」という言葉が教科書に盛り込まれるようになりました。南京大虐殺も「三〇万人殺した」という中国側の主張を鵜呑みにした記述も教科書に載ってしまいました。そうした記述をなくそうとしても、中国や韓国からクレームが来たら〝配慮〟しなければなりませんから、なかなか改めることができなくなってしまったのです。

こうした流れに抗するかたちで、渡部氏は、政府の対応や新聞の報道に対し、真正面からの批判を数十年にわたって続けてきたのですが、日本の左傾化を言論の力で食い止めたという点で、特筆すべき活躍をしたと言ってよいと思います。

◆教養がなければまともな判断はできない

では、渡部昇一氏は、世間全体が左に向こうとしているときに、なぜ、時代の空気に流されることなく、透徹した知性を発揮することができたのでしょうか。

一つには、やはり教養の力が大きかったと言えます。

例えば、マルクス主義と対決するために、渡部氏は経済学者・哲学者であるハイエクの思想を自説の論拠としました。マルクス主義を根本から否定できる部分がハイエクの思想にあると見抜くことができたのは、ひとえに教養の力でしょう。

東京裁判史観との対決でも、さまざまな議論を展開していますが、実はポイントは絞られています。

例えば、裁判の証言や議会の証言を非常に重視しています。南京大虐殺で言えば、東京裁判で証言台に立ったマギー牧師は、殺人の現場を一人しか目撃していないという点を突きました。しかも、その事件は日本軍の兵隊に誰何《すいか》されて逃げた人を撃ったという内容です。強姦とされた事件の証言も、日本兵と女性が一緒にいるところを一件だけ見たというものでした。証言で明らかにされている部分を見る限り、虐殺の事実は確認できず、ほとんどが伝聞情報に過ぎないことを明らかにしたのです。

また、議会の証言で言えば、アメリカ上院の軍事・外交合同委員会におけるマッカーサーの証言を何度も引用しています。マッカーサーの「彼らの戦争に入った目的は主として自衛のためであった」という証言です。これによって侵略戦争ではなかった論拠としているわけです。

裁判、議会での証言を引用することで論陣を張るという姿勢を取るのは、西洋における考え方、文化の教養がしっかり入っているからです。つまり、アメリカにおいて裁判や議会で証言するということは、聖書に手を置いて、「神に誓って嘘は言わない」という意味を持ちます。キリスト教圏では、宗教的な意味での偽証というのは極めて重いのです。その淵源をたどっていくと、イエスを死刑にしたユダヤの裁判に遡《さかのぼ》ります（諸説あります）。そこで証言した人たちが嘘を言ったことが、その後の不幸な歴史の原因になっているという考え方が背景にあるのです。したがって、裁判における偽証というのは、単にばれるかばれないかという次元の話ではなく、魂のレベルの罪に関わる重大問題です。渡部氏は自身がカトリック教徒だということもあり、そうした宗教的な教養を背景に、証言を使った論陣を張っているのです。

大川総裁は、教養について次のように述べています。

みなさんが自分自身を教養人として納得させることができるためには、大学の学科以外に、個人の努力として、そうとうの学びをしなければなりません。そして、一人ひとりの才能や努力には差があるでしょうから、一概には言えませんが、

まともな書物を最低限千冊読むということが、教養人のなかに入る第一歩なのです。（中略）

自分の言論あるいは思想でもって、それを職業として世に立とうとすれば、最低限二千冊の読書が必要となります。これがだいたい最低のラインです。このラインまで到達しないで知的生活に入る人は、おそらく、〝売文〟という、安っぽいことを書き流して生きていくことになるでしょう。自分なりの考えというものを確立し、オリジナリティーを出していこうとしたら、最低二千冊ぐらいの書物を読むことが必要なのです。（中略）

創造的なる知性というものも、単なるひらめきや勘によって獲得できるものではありません。そのひらめきや勘の基礎をなすものは、倦《う》まずたゆまず蓄積した実力です。その実力が高まれば高まるほど、アイデアや勘やひらめきというものも、素晴らしいものとなってくるのです。

『人生の王道を語る』二四三〜二四八ページ

千冊、二千冊の読書が必要だとありましたが、ここで大事なのは冊数そのものではありません。冊数はあくまでも一つの目安ですし、実際に、一流の言論人になれば、読書数は万の単位になってきます。教養の道には限りがないため、倦まずたゆまず努力を続ける姿勢が求められるということです。

◆一人で正論を吐く勇気

渡部昇一氏の言論活動を考える上では、勇気も欠かせない要素です。典型的なのは、田中角栄裁判を暗黒裁判だと批判したことです。当時は、全メディアが田中元首相の金権政治に対する批判キャンペーンを展開していましたが、渡部氏だけが、田中裁判には違法性があると指摘したのです。

憲法三七条では、刑事被告人にも反対尋問の権利があると明記されています。証人が自分に不利な証言をした場合、それが本当かどうかを吟味する反対尋問の機会を与えられなければ、でたらめの証言によっていくらでも罪を問われることになってしまうからです。

ところが、田中裁判では、反対尋問の機会が与えられていませんでした。東京裁判ですら反対尋問の機会を与えられていましたから、とんでもない暗黒裁判であったというわけです。渡部氏は、ただ一人その事実に気づいて、田中裁判の違憲性を訴えたのでした。

また、朝日新聞が渡部氏を中傷する記事を掲載したことをきっかけに、抗議団体が、渡部氏の勤める大学に押しかけて数ヵ月にわたる授業妨害をしたことがありましたが、一歩も引かずに授業を続けています。

先に述べた教科書誤報問題でもそうですが、渡部氏は何事であっても正しいと思えば、一人で戦う勇気を持っている言論人です。とりわけ、左翼ジャーナリズムが全盛だった時期に、これだけ戦えた人は皆無と言ってよいと思います。例えば、ジャーナリストの田原総一朗氏は、一九六五年にモスクワを訪れて共産主義や社会主義の間違いに気づいていたにもかかわらず、「日本のマスコミはみんな左翼だから、怖くてその事実を言えなかった」という趣旨の回想をしています。強面で知られる田原氏ですら怖くて言えないことを、一人で言い続けたわけですから、その勇気がどれほどのものであったかが分かります。

大川総裁は次のように述べています。

「自分自身の良心に誓って、これが正しいことであり、これが間違っていることだ」と、はっきりと内から感じるものがあったならば、正々堂々と自分の意見を述べることが大事です。

その結果が、「自分にとって一時的に有利になるか、不利になるか」といった計算を度外視し、人間として正直で誠実に生きること、自分の思想に忠実に生きることは、非常に大事なことだと思います。

自分の信念を曲げてまで、世間に迎合したり、この世的に偉いと言われる人に迎合したり、政治家やマスコミ、経済人、教育者など、今の時代において権力を持っている人々に迎合したりしてはならないのです。

もちろん、世の中には、まだ流動的で善悪を決めかねるものもあるでしょう。しかし、はっきりと分かるものに関しては、善悪を峻別し、自分の意見をきちんと述べて、後ろめたさを残さないことが大切です。

少なくとも、「白黒を付けない灰色の人生を生きてはいけない。この世において生きやすく生きようとしてはいけない。後悔することなかれ」と言いたいのです。「卑怯な人生は生きるな」「保身を図って生き延びようとするな」ということです。その意味での潔さは必要だと思います。

たとえ、正論を言ったために降格や左遷をされようとも、あるいは、職を失って別の職に就かなければならないことがあったとしても、自分の良心に照らし、真理に照らして、「これは言わなければならない」と思ったときには、信念を貫くこと、人間としての誇りを貫くことが大事です。

『国家の気概』一四二〜一四四ページ

実際に、渡部氏の勇気ある言論がなかったら、戦後の日本はどうなっていたのだろうかと考えると怖いものがあります。正しいものを正しいとして、「千万人といえども我いかん」の精神で真実を貫き通していくことが理想のジャーナリズムなのであれば、渡部昇一氏はまさにその理想を体現した人だと言えます。

6. 左翼ジャーナリズムと戦った言論人たち

◆清水幾太郎

渡部昇一氏以外にも、左翼ジャーナリズムと戦った言論人は数多くいます。
例えば、清水幾太郎です。清水幾太郎は、丸山眞男《まさお》と並ぶ左翼側のオピニオン・

リーダーでした。しかし、六〇年安保闘争（日米安全保障条約の改定に反対する運動）で敗れると、それまでの立場を覆《くつがえ》して保守に転向し、愛国心の大切さや国防の強化、憲法の改正を強く訴えるようになりました。

ソ連が崩壊した今日において、共産主義的な考え方が間違っていると批判することは簡単ですが、当時ソ連はまだ健在であり、六〇年安保が頓挫したと言っても、左翼運動は意気盛んでした。その中で突然、〝右旋回〟をしたわけです。

「あれだけのオピニオンリーダーだった方が、まったく正反対の意見、百八十度違った意見を持って、再び立つ」というのは、そう簡単にできることではなく、丸山眞男のように消えていくのが普通かと思うのですが、清水幾太郎は再び立ち上がってきたのです。

『核か、反核か――清水幾太郎の霊言――』一八ページ大川総裁もこう述べているように、清水幾太郎は、左翼言論人としてもオピニオン・リーダーでしたが、保守に転向してからもオピニオン・リーダーとして活躍した稀有なる言論人でした。

周囲がすべて左翼といった状況で、「変節漢」「裏切り者」と言われても、自分が正しいと信じた方向で言論を展開した度胸は並大抵のものではありません。もし清水幾太郎の転向がなかったら、その後の保守言論人の活躍の場が閉ざされていた可能性もあったでしょう。左傾化する日本を阻止すべく、最初に立ち上がった言論人だと言えます。渡部氏らが活躍するのは、その一世代後になります。その意味で、戦後の保守論壇における最重要人物の一人でした。

◆司馬遼太郎

司馬遼太郎も最重要人物の一人です。

作家という立場ではありますが、『竜馬がゆく』や『坂の上の雲』といった作品を通して、「英雄史観」とでも言うべき歴史観を示しました。
その仕事の意義を大川総裁は次のように分析しています。

彼の作品においては、「日本という国の歴史のなかに英雄が現れ、その時代と国とを変えていく」ということの醍醐味が描かれ、これが、少年心を持って大きくなったような大人たちを揺さぶるところがあります。そして、彼の作品は、先の戦争に敗北して打ちのめされた、戦後の日本人に対して、勇気を与えました。このことが非常に大きいと思うのです。

実は、安保闘争などを行った左翼運動家たちは、「日本は駄目な国なのだ」と、ずっと言っていたのです。しかし、この小説家には、筆一本、ペン一本で、それと戦ったようなところがあります。
司馬遼太郎の本がベストセラーになり始めると、「司馬文学」に対しては、左翼

史観の持ち主である、左翼運動家たちも、みな黙ってしまいました。彼には左翼運動家たちをペン一本で黙らせてしまったところがあるのです。

『司馬遼太郎なら、この国の未来をどう見るか』二一三〜二一四ページ

実際、学校教育でいくら自虐史観を教わっても、司馬作品を読むだけでその歴史観がひっくり返ってしまうほどのインパクトがあります。新聞記者出身ということが影響しているのか、司馬作品は小説でありながらノンフィクション的な書き方をしており、ジャーナリズムとしての影響力が出ています。

唯物論の影響を受けると、人間の動物的な側面が強調されて、偉大な人物を凡人に貶《おとし》めるようになります。実際に、左翼の影響が強かった戦後しばらくは、批判的であるほど知的であるという風潮が生まれて、偉人の凡人化が進んだところがありました。そんな中で、司馬作品が人間の尊厳を描き出したと言えます。それがどれほど戦後、自信を失った日本人を励ましたか計り知れません。

◆戦後の左傾化を防いだ言論人たち

ほかにも左翼ジャーナリズムと戦った言論人はたくさんいます。

例えば、左派言論人がいかにコミンテルンの「三二年テーゼ」の影響を受けていたかを喝破して筆鋒鋭く批判した谷沢永一、言論という枠を超えてテレビなどでも活躍し、日本を繁栄に導く方向で未来社会を示している竹村健一氏、ジャンルを問わず異次元的な発想でさまざまな社会問題の解決のヒントを提供し続ける日下公人氏、独自の理論と分析で旧ソ連の崩壊を予見した小室直樹なども、日本の左傾化を食い止めた言論人でした。

また、経済分野のジャーナリズムでも、マルクス主義全盛の時代にアダム・スミスの経済学を再評価し、折々の政策論争で具体案を示しながら、独自の経済理論を構築した高橋亀吉、軍事・金融の専門知識を駆使して経済評論を展開する長谷川慶太郎氏なども、戦後の日本経済の発展に大きな貢献をしています。

いずれも一章設けて詳しく述べるべき偉大な先達ですが、また別の機会で論じたいと思います。

◆池上彰と分かりやすく伝える力

本章では、もう一つ、「分かりやすく伝える」ジャーナリズムということにも触れておきたいと思います。

国民を啓蒙するにあたっては、難しいことを言っても駄目で、やはり分かりやすく伝える努力が必要です。その典型が池上彰氏です。ＮＨＫの記者出身ですが、今ではテレビのニュース解説で有名です。イスラム国の問題や中国問題、ＥＵなど、難しいテーマを採り上げながら、誰でも理解できるような説明をしています。その分かりやすさから、今まで難しくてニュースを見なかった層も池上氏の番組なら分かるので観るということで、視聴率を稼ぐようになり、池上氏の名前を冠した番組が続々と制作されるようになりました。

池上氏と言えば、ＮＨＫの人気番組だった「週刊こどもニュース」が有名ですが、番組のチーフプロデューサーは、「子どもがわからない言葉が一つでもあったら噛み砕いて説明する。説明を考えているうちに、大人の方も説明できるほどにはわかっていなかった、と無知を思い知らされる。一緒に勉強していくという繰り返しでした」と語っています。例えば、「貨幣」と言っても子供には分かりませんから、「お金はかつて貝殻を使っていた」という根本のところから説明していくわけです。その結果、「週刊こどもニュース」は分かりやすいという評判が立って、その後の池上氏の基本スタンスになっていきました。

池上氏の伝える力のポイントは、「相手の立場に立って考える」ことです。視聴者が何を分かっていないのかを見極め、その部分を丁寧に噛み砕いて説明するわけです。ジャーナリズムや言論は、ややもすると、社会正義を振りかざして居丈《いたけ》高《だか》になったり、上から目線で物申したりしがちです。池上氏はこうした従来のジャーナリズムのあり方とは一線を画して、視聴者の目線でニュースを解説しました。その結果、ありそうでなかった新しいジャーナリズムのあり方を示したと言えます。

分かりやすく伝えるための方法論については、別の機会に整理したいと思いますが、ここでは注意するべきポイントを二点ほど述べておきます。

一つは、池上氏は、ものすごく勉強しているということです。分かりやすく説明するということは、ある意味で乱暴でざっくりとした説明をするということです。しかし、普通の人がそれをやると、ピントはずれの暴論になってしまいます。池上氏の説明は、素人にとって分かりやすいだけでなく、たいていの場合、玄人が聞いてもなるほどと思わせるのです。

これは、かなりの見識と技術がなければできません。その分野の隅々まで熟知しているからこそ、この部分は端折っても構わないという判断が効くわけです。分かりやすい説明の背景には膨大な勉強量があることを知っておくべきでしょう。

ちなみに、本代に毎週数万円つぎ込んで勉強しているそうです。

もう一つは、池上氏は、現場重視のジャーナリストでもあるということです。池上氏は、NHKの若手記者時代に、いわゆる〝サツ回り〟からキャリアをスタートしています。通信部に泊り込んで、二四時間三六五日拘束される状態で、自らテレビカメラを持ち、一人で取材に飛び回っていました。今でも「生涯一ジャーナリストでありたい」と述べていますが、書斎に閉じこもって論評しているだけではないことを知っておくべきでしょう。机で学んだ知識と現場で見聞きした経験とを融合させているからこそ、ニュースの解説の一つひとつが具体的で分かりやすいものになっているわけです。この点は、多くのジャーナリストが手本にすべきでしょう。

◆「責任を問う」ジャーナリズムから、「責任を負う」ジャーナリズムへ

第三章を締めくくるにあたり、もう一度簡単におさらいをしておきます。

これからのジャーナリズムは、価値判断を加えることが大事になります。価値判断を加えるためには、智慧を磨く必要があり、智慧を得るためには、仏教で言う八正道、正見や正定などが大事になります。そうして原因と結果の法則についての理解が深まれば、先見力や洞察力、構想力が生まれてくるということを述べました。そして、その実践者として、福沢諭吉、ドラッカー、渡部昇一氏といったジャーナリスト、言論人を紹介してきました。

一般的にジャーナリズムは、権力の監視が重要な使命だと言われますから、本書で述べている未来創造学におけるジャーナリズムとは、ずいぶん毛色が異なります。しかし、第一章でも述べたように、権力の監視が使命と言うには、現在のジャーナリズムは権力を持ち過ぎています。むしろ自分自身が持つ権力に対して、どのように責任を取ったらいいのかを考えるべき状態にあると言えます。だからこそ、大川総裁も、『新・日本国憲法 試案』における第一二条で、「**マスコミはそ**

の権力を濫用してはならず、常に良心と国民に対して、責任を負う」とうたっているわけです。

本章で、繰り返し八正道の論点を出してきたのは、自らの良心に照らして、国民の幸不幸に対して責任を取ろうとする姿勢がこれからのジャーナリズムには必要だと考えるからです。

つまり、従来のジャーナリズムは、「責任を問う」のが使命ですが、理想のジャーナリズムは、「責任を負う」のが使命となります。その責任を負うために、智慧を磨かなくてはならないのです。智慧は単なる知識とは違います。渡部昇一氏の表現を借りれば、インテレクトとインテリジェンスの違いということになるでしょう。

インテレクトというのは、沈黙の時間の中で天の一角からインスピレーションを受けるというニュアンスを含みます。深い洞察は、獲得する知識ではなく、天から受け止めることで得られるのです。そうしてはじめて、人々が幸福になる未来を創造できるような言論活動が可能になります。それは、「徳あるジャーナリズム」とでも言うべきものですし、宗教ジャーナリズムにもつながっていくものでしょう。

次章では、理想のジャーナリズムの一例として、宗教ジャーナリズムについて考察を深めていきたいと思います。

【主な参考文献】

大川隆法著『正義の法』幸福の科学出版
大川隆法著『仏陀の証明』幸福の科学出版
大川隆法著『「復活の法」入門』幸福の科学
大川隆法著『智慧の法』幸福の科学出版
大川隆法著『この国を守り抜け』幸福実現党
大川隆法著『ストロング・マインド』幸福の科学出版
大川隆法著『幸福の法』幸福の科学出版
大川隆法著『人生の王道を語る』幸福の科学出版
大川隆法著『国家の気概』幸福の科学出版
大川隆法著『核か、反核か―清水幾太郎の霊言―』幸福の科学出版
大川隆法著『司馬遼太郎なら、この国の未来をどう見るか』幸福の科学出版

福沢諭吉著『学問のすすめ』幸福の科学出版
P・F・ドラッカー著『「経済人」の終わり』ダイヤモンド社
P・F・ドラッカー著『知の巨人　ドラッカー自伝』日経ビジネス人文庫
呂新吾著『呻吟語』徳間書店
渡部昇一著『「人間らしさ」の構造』産能大学出版部
渡部昇一著『クオリティ・ライフの発想』講談社文庫
渡部昇一著『朝日新聞と私の40年線戦争』ＰＨＰ研究所
長谷川慶太郎・田原総一朗著『２０２０年世界はこうなる』ＳＢクリエイティブ
池上彰著『池上彰のニュースの学校』朝日新書
「ＡＥＲＡ」通巻四一号：二〇一〇年九月二〇日増大号「『池上彰』人気の秘密」朝日新聞出版

第四章

宗教ジャーナリズムの使命

大川隆法総裁の言論力

綾織次郎

1．宗教とジャーナリズム

◆現在の事象を判断する難しさ

第一章において、ジャーナリズムでは「善悪の基準」「正義の基準」を探究し、それを啓蒙していくことが大切だという基本的な考え方を述べました。

第二章では、それを踏まえて、情報の扱い方について整理しました。

第三章では、「ジャーナリズムの理想とは何か」を事例を交えて智慧の観点から考えました。

そして最終章では宗教ジャーナリズムについて考えていきます。まず「言論人としての大川隆法総裁」の姿を見ていこうと思います。

大川総裁は宗教家であり、「国師」「ワールド・ティーチャー」としての役割を果たしているわけですが、あえて「言論人」という側面に絞り込んでその仕事を見ていきたいと思います。

宗教家でありながら、言論活動をする理由について、大川総裁は次のように述べています。


もちろん、マスコミが現在の政治に与える影響は大きいと思います。ただ、根本は何かといえば、それは「価値判断」です。

そして、その価値判断のもとにあるのは、「何が正しいか」ということだと思うのです。

遠い昔のことについて、「何が正しかったか」ということは、過去を振り返ってみれば、分からないわけではありません。しかし、現在ただいま、あるいは、これから起きる未来のことに関して、「何が正しいか」を断言するのは、非常に難しいことであろうと思います。

その意味において、私は、もうマスコミを責めるつもりはありません。

政治家が本来の使命を果たせていないのならば、やはり、「宗教家が、先陣を切って、責任を取り、使命を果たすべきである」と考えています。

『この国を守り抜け』一九六～一九七ページ

本来、マスコミのやるべきことに「価値判断」があるのですが、現状ではそれが十分にできていません。だからこそ、宗教家が価値観を発信しなければならないという決意を述べています。さらに、このようにも述べています。

今の私の仕事は、昔で言えば、はっきり言ってソクラテスの仕事に相当します。ソクラテスは、当時、アテナイの民主政のなかで、腐敗した知識人や言論人、政治家等と対話をし、彼らの考え方で間違っているところや無知なところなどを暴いて歩いたわけです。

最後は、弾圧されて死刑になったので、こういう仕事をする場合は気をつけなければいけないのですが、要するに、ソクラテスは、対話で誘導しながら、相手の間違っているところを明らかにしていくやり方をしていたのです。

私も、ソクラテス的な立場で、現在進行形の問題に答えようとしていますが、これは非常に難しいことです。思想家系統の人が現在ただいまの問題に答えるというのは、ものすごく力が要りますし、難しいことなのです。当たり外れが、はっきり出てくるからです。

後追いで、過去のことについて分析して語るのは簡単です。有名な大学の先生などは、ほとんどが、過去のことばかりを語り、現在のことは語りませんし、未来のことは、もっと語りません。あとで、「外れた」と批判されるのが嫌だからです。「すぐに結果が出るような、現在ただいま進行中の問題について語る」というのは、非常にリスクの高いことですが、私は、そういう現在進行形のことについても価値判断を加えています。


『未来への国家戦略』一六五〜一六七ページ

ソクラテスについては第一章でも触れていますが、まさに、現在進行形の問題について価値判断をしているのが大川総裁です。「日本や世界の人々が幸福になれる選択とは何か」を明らかにしているということです。

これが二〇〇〇冊にのぼる著作となって現れています。なお、これらの著作は、法話として語り下ろしたものであり、すべて映像や音声が残っています。したがって、ゴーストライターではあり得ません。

◆オウムの危険をいち早く見抜く

具体的にどのような判断をしてきたかを見ていきましょう。

まず、宗教に関する価値判断です。一九九五年、地下鉄サリン事件をはじめとするオウム真理教による一連の事件が起き、日本中を震撼させました。しかし、大川総裁は九一年の段階で、講演会などでオウムの危険性をいち早く警告していました。

九五年三月、假谷《かりや》清志さん拉致事件へのオウムの関与を大川総裁は察知し、大規模テロが起きる前に動くよう政府にアドバイス。地下鉄サリン事件の後、幸福の科学の後押しを受けてようやく教団本部施設への強制捜査が行われ、代表の松本智津夫が逮捕されました。政府としては、対応が後手になってしまったと言えます。

実際、強制捜査の過程で、オウムは国会や首相官邸周辺への襲撃、空中からのサリン大量散布まで計画していたことが明らかになりました。大川総裁の警告がなければ、被害者が何十万人にも及ぶ大惨事が起きていたかもしれません。

大川総裁自身も、自動車に猛毒のＶＸガスを細工されていたことが明らかになっており、命の危険と隣り合わせでオウムの危険を訴えていたことになります。オウムとの戦いについては、善悪を見極める力、命の危険を冒しながら政府に訴えた勇気などが特筆されるべきでしょう。

「ゆとり教育」への批判も、世論に先駆けたものの一つです。一九九八年初めには、大川総裁の考えに基づき「ザ・リバティ」誌上で、文部省（当時）の寺脇研氏の批判をしています（一九九八年三月号記事「日本教育を破壊するボンボン左翼のエリート官僚」）。この寺脇氏は「ゆとり教育」を推奨し実行していった中心人物ですが、それを批判し、学校教育では切磋琢磨や自助努力の精神が大切であることを訴えました。

その後、各種マスコミでもゆとり教育への批判が広く行われるようになり、二〇〇六年の閣議決定により文部科学省は教育再生会議を設置、ゆとり教育の見直しへと路線変更を果たしました。この事例も、大川総裁の判断力を示すものですし、この寺脇研氏という個人が中心人物であると見抜いた洞察力も見逃してはなりません。

◆EUの失敗、宗教対立の深刻化を予言

国際情勢についても、さまざまな意見発信や提言をしています。一九九〇年一二月の法話「未来への聖戦」において、九二年に始まる欧州共同体（現ＥＵ）が長期的には失敗するだろうという予測を示しました。

欧州連合とは、自由な市場や国家間の競争を否定する社会主義的な発想に基づくものであって、ある意味で「弱者連合」なのだと喝破《かっぱ》しました。弱者が一つになっても強くはならないと指摘したのです。

二〇〇九年、ギリシャ国家財政の粉飾が明らかになり、ＥＵからのギリシャの離脱問題が浮上してきましたが、長期的に見た際のＥＵの抱える問題が二五年を経て明らかになってきたということです。大川総裁の先見力の高さが際立っている例と言えます。

一九九四年二月には法話「宗教選択の時代」において、二一世紀には宗教の違いの克服が人類の最大のテーマになると明言し、その違いを乗り越えるために、地球的仏法真理を樹立する決意を述べています。二〇〇一年の九・一一テロ以降、この懸念が深刻化していることは誰の目にも明らかです。

九・一一テロが起こった後の二〇〇一年一一月には、「宗教文明の激突」という法話が説かれました。そこでは、世界で起きている現象について、キリスト教対イスラム教による宗教文明の激突という様相があると指摘し、イスラム教圏の改革について訴えています。近年ではイスラム国によるテロの問題が顕在化しましたが、大川総裁が指摘していたことが二一世紀の大問題として現れてきているということです。

◆一貫して中国の覇権主義に警鐘を鳴らす

大川総裁の慧眼《けいがん》は東アジア情勢にも向けられます。一九九四年、法話「幸福の科学興国論」において、今後、中国が台湾併合の意図を露わにし、東アジアの緊張が高まっていくことを指摘しています。その後も一貫して中国問題への言及を続け、二〇〇六年九月にも以下のように指摘しています。

これからの最も大きな問題は、「中国がどうなるか」ということです。ほとんど、これにかかっています。西側の自由主義世界が中国と敵対して戦うことになるのか、それとも、中国を西側陣営に引き入れて仲間にできるのか、この争いです。

「日本外交のあるべき姿とは」（「ザ・リバティ」通巻一五一号：二〇〇七年一〇月号）

その後、中国による国際秩序への挑戦と見られる一連の事件が相次ぎ、中国の軍事的拡張主義が最重要問題の一つであることは、左翼メディアでも認めざるを得ない状況になっています。

さらにもう一つ、例を挙げておきましょう。二〇〇八年九月、アメリカの投資銀行リーマン・ブラザーズが破綻し、いわゆる「リーマンショック」が起こりました。世間では「一〇〇年に一度の危機」「世界恐慌が起こる」という報道が溢れ、世界同時恐慌の恐怖が広がる中、大川総裁は同年一〇月、「アメリカ経済の底力は強い。今回の景気後退は世界恐慌にならず収まる」と明言。実際その通りになりました（法話「ニューヨークで考えたこと」）。

このように、大川総裁は「国師」あるいは「ワールド・ティーチャー」（世界教師）として、日本と世界を幸福にするために極めて重い責任を果たしてきました。世界で起きている諸現象について、何が問題なのかを洞察した上で善悪の価値判断をし、未来に対する先見性を示し、かつ、それらを踏まえて今後どうあるべきかの構想を明らかにしているわけです（例えば、イスラム改革の具体的なあり方や、中国の軍事的覇権主義に対する日本および国際社会の行動指針などを示しています）。

◆先見力を支える研鑽の力

その背景にあるものとして、何十年とかけて蓄積された教養の力が大きいということも指摘しておくべきでしょう。教養の大切さについては前章でも触れましたが、大川総裁に関しては、年間で数千冊の本を読んでいることからも分かるように、まさに世界一の教養レベルであると言ってよいと思います。

私自身が法律学、政治学、国際関係論、法哲学、政治哲学、社会学、社会思想史、哲学、比較宗教学、経済学、経営学、国際金融論、国内金融論、歴史学、物理学、化学、生物学、天文学、数学、教育学、ジャーナリズム論、教養の英語、実用英語、ドイツ語以下二十カ国語以上に手を出した人間である。(中略)ただ一言で言うとするならば、私はえんえんと「人間を幸福にする方法」を科学し続けていると言ってよい。そのためなら、学問の境界線を臆することなく打ち破ってきた。

『緒方洪庵「実学の精神」を語る』あとがき

これだけの学問を統合しようとしているわけですが、その目指すところは、人間を幸福にする方法を明らかにすることです。人類の幸福という目的のために、大川総裁はあらゆる教養を何十年とかけて凝縮させているのです。だからこそ、その言論の力が強力なものとなり、その結果、幸福の科学はジャーナリスティックな側面が非常に強い宗教となっているわけです。

◆宗教は本来、時事的な問題を扱う

筆者は以前、保守系の言論誌月刊「Ｗｉｌｌ」の花田紀凱《かずよし》編集長と対談したことがあります。このとき、花田編集長は大川総裁の書籍について「ジャーナリスティックである」という印象を語っていました。

花　ジャーナリスティックですよね。絶妙なタイミングで出てくる。総裁が考えているなら、そういうセンスがある。我々がやりたいと思っているようなことを霊言にしてるんですから。

「ザ・リバティ」通巻二二四号：二〇一三年一〇月号

花田編集長自身がジャーナリズムの世界の人なので、大川総裁のジャーナリスティックな側面に注目して見ているということでしょう。大川総裁はその点について、このように述べておられます。

今日来ておられるインドの方は少し驚かれるかもしれませんが、日本では、ある意味においては、メディアというものが宗教の代わりにもなっています。

かつて宗教が果たしていた機能の一部を「メディア」が果たし、もう一つの機能を「病院」が果たしています。宗教の機能のうち、病気治しの機能は病院のほうに吸い込まれ、人々を教えたり指導したりする機能は、かなりメディアのほうに吸収されています。
実は、メディアと宗教とは、ある意味では「同業」なのです。

『大川隆法政治講演集２００９ 第5巻 批判に屈しない心』一〇六ページ

宗教というのは、もともとメディアの機能を持っているものであり、大川総裁はその本来のあり方を示しているのです。

そのなかにおいて、幸福の科学は、現代に発生した宗教として、普遍性を持った「人間を幸福にする哲学ないし科学」を探究すると同時に、現在ただいまに起きている、いわゆるジャーナリスティックな問題に対しても、正邪をもって取り組んでいます。あるいは、「善悪を判別する」という大胆な判断力をもって立ち向かっています。そういうところに、非常に大きな特徴があると思います。（中略）
しかし、この幸福の科学という宗教においては、教祖が現存しており、また、いろいろな問題について、新しい教えが説かれているため、ある意味で、非常にニュース性のある、時事性に富んだ、現在進行形の宗教であると言えます。

『宗教学から観た「幸福の科学」学・入門』三七〜三八ページ

◆宗教が求める「普遍的なるものの影」

それでは、宗教はジャーナリズムと完全に一体であるかというと、そうではありません。

また、「ジャーナリスティックな面もある」という見方もある一方で、別の面から見れば、「教養宗教」としての面も色濃く持っています。

すなわち、情報が増えるばかりの現代社会において、幸福の科学は、善悪を峻別し、「遺すべき考え方は何であるか」という〝普遍性の篩《ふるい》〟にかけていると言えるのです。

当会は、過ぎゆく現象界の諸活動において、「普遍的なるものとは、いったい何であるのか」ということを常に探究する姿勢を持っています。

いわゆるジャーナリズムの一角のようにも見えつつも、この意味において、ジャーナリズムとは一線を画していることは明らかです。

ジャーナリズムは、今日ただいま起きたことや、今週起きたこと、今月のテーマになっていること等を追い求めればよく、翌月は、違ったことを言い、違ったテーマを追いかけて構わないのですが、当会は、そうしたジャーナリスティックなものを扱いつつも、そのなかにある「普遍なるものの影」を必ず追い求めています。

これが、いかに現代的なものに斬り込もうとも、「宗教としての自覚を持っている」と認められる部分であろうと考えます。

『宗教学から観た「幸福の科学」学・入門』三八～四〇ページ

「普遍的なるものの影を求めている」というのは、言い換えれば、「言論活動の基礎に根本的な哲学がある」ということです。幸福の科学は、多くのオピニオンを発信していますが、単なるジャーナリズムではありません。幸福の科学が展開しているのは宗教ジャーナリズムであり、世俗的な言論活動とは一線を画しているということは確認しておかなければなりません。

◆エリヤ、日蓮、ルター――言論人でもあったかつての宗教家たち

歴史を振り返れば、宗教家による言論活動が世の中を動かしてきたことが分かります。宗教活動の中に、ジャーナリズムが含まれているのは、歴史的にはよくあることなのです。預言者として意見を発信し、世の中にイノベーションや変革を求めた宗教家は数多くいました。

例えば、古代ユダヤの預言者たちは、ときの為政者の腐敗や間違いを厳しく批

判しました。紀元前九世紀、北イスラエル王国に現れた預言者エリヤは、当時流行していたバアル信仰に対して戦いを挑みました。

日本に目を転じてみます。我が国の歴史で、言論で戦った宗教家というと、日蓮聖人を挙げないわけにはいかないでしょう。「法華経」至上主義を掲げて、激しい他宗排撃を展開した点については賛否両論ありますが、元寇による国難を予言して警鐘を鳴らし、鎌倉幕府に物申しました。大川総裁は、日蓮聖人が若い頃に「日本第一の智者となしたまえ」という大きな志を立てていたことを述べた上で、次のように語っています。

日蓮は、このほかにも、もう一つ、「我日本の眼目とならん」と言っている。「自分は日本の目になりたい」ということだ。（中略）

「目」が表しているものは何だろうか。それは、洞察（物事を観察して、本質を見抜くこと）だ。「目になる」ということは、ある意味での予言者のようになると

いうことだ。（中略）
しかし、「我日本の眼目とならん」というのは、「日本のオピニオン・リーダーになりたい」ということなんだ。「オピニオン・リーダー」というのは、世論（人々の一般的な考え）を言論（自分の考えを発表すること）で引っ張っていく人のことだ。「眼目たらん」というのは、「言論で人々を導くような人になりたい」ということだろう。
そういう意味で、日蓮は、自分が生きた鎌倉時代に、「自分の、ものの見方や、考え方で、世の中を引っ張るような人になりたい。」と願っていたんだ。

「社会のリーダーを目指して」（「ヘルメス・エンゼルズ」通巻二〇九号：二〇一三年八月号）

日蓮聖人は「洞察力ある人材となり、日本を引っ張っていこう、オピニオン・リーダーになろう」という志を明確に持っていました。その意味で、宗教ジャーナリズムの原型と言ってよいでしょう。

日蓮聖人と同じタイプの人として、海外では宗教改革者のルターが挙げられます。ルターは一四〇〇年代の生まれで、法律の勉強をしていましたが、ある奇跡体験を契機として宗教家に転じました。その結果、大学で神学を教えていました。

間もなく、青年ルターは、ローマ・カトリック教会で行われていた免罪符の販売に大きな疑問を持つようになります。当時、教会では罪が深くても免罪符を購入すれば天国にいけるなどと言っていました。これに対して、「賽銭《さいせん》箱に投げ込んだお金の音が鳴るたびに天国が近づくというのはおかしい」として、教会への疑義を著わした「九五カ条の論題」を提示し、宗教者として戦いの火ぶたを切ったわけです。

◆マスメディアは聖書の大量印刷から始まった

ルターはほかにも一三三冊もの小冊子を出して世論の啓蒙を行っています。こうした行動のために彼はローマ教会から弾圧され、破門されたわけですが、その後も精力的な活動は続きました。ラテン語聖書をドイツ語に翻訳したのもルターです。彼の思想の中には「聖書中心主義」「万人司祭主義」というものがあり、各人が聖書に立ち戻り、聖書を読み、信仰を立てるのが本来の姿だと訴えたのです。そのためには、ラテン語が読める知識人だけに聖書が占有されてはならないと考え、一般大衆にも近づけるようドイツ語への翻訳を行ったのです。

ルターの活動は、日本のジャーナリズム論のテキストにも引用・紹介されています。『レクチャー　現代ジャーナリズム』にこうあります。

ルターは、信仰によってのみ救われるとして、免罪符の欺瞞《ぎまん》性を指摘した。（編著者注：聖書は）最初はラテン語で書かれたものだったが、ドイツ語に翻訳され各地で読まれるようになり、これが発端となって、プロテスタントの一

派が形成され、宗教改革へとつながっていった。（中略）
活版印刷機が発明されたことで、人々は教会で聖職者から聞くことしかできなかった神の教えを、市販される聖書によって直接読めるようになった。
『レクチャー　現代ジャーナリズム』一〇九～一一〇ページ

活版印刷の発明による大量印刷がマスメディアの出現を促したことを論じています。その際、そうした媒体によってまず伝わったのがルターによるドイツ語訳聖書だったのです。意外かもしれませんが、聖書の大量印刷からマスメディアが起こったわけです。その意味で、ルターは近代の幕開けに現れたジャーナリストのはしりとも言えるでしょう。これらの事例を見ると、宗教は本質的に言論活動を含んでいることが分かると思います。

2. 霊言ジャーナリズムの衝撃

◆「大悟」によって霊的世界に参入した大川総裁

大川総裁の価値判断、先見力、構想力、洞察力の奥にあるのは何でしょうか。それを読み解く鍵は、八正道の考え方にあります。前章で正見から正定に至る八正道のプロセスを述べましたが、最後の正定には、霊的世界との交流が含まれることを論じました。大川総裁に関して言うならば、この霊的世界との交流が自由自在にできることが、言論における価値判断や洞察力の根本にあると言えるでしょう。

大川総裁は、一九八一年三月二三日に霊的覚醒の瞬間、つまり「大悟《たいご》」の瞬間を迎えました。

「大悟」と言えば、歴史的には釈尊のそれが有名です。釈尊も大川総裁も、心の塵や垢を取り去っていく反省的瞑想を続け、ついに霊的世界に参入するという体験をしました。その際、あらゆる生命を貫く永遠の真理、すなわち仏法真理が厳然として存在すること、そして、すべての人間は神仏によって創造された存在、すなわち神仏の子であることを悟りました。

大川総裁は、このときに得た霊的な悟りによって、地球上のあらゆる人間の守護霊（その人の潜在意識の一部）や、霊界に存在している神々や偉人たち、あるいは地獄の悪魔とも自在にコンタクトできる霊的能力を得ました。

そうした霊能力によって、何が天上界に通じる考え方であり、何が地獄の悪霊・悪魔に通じる考え方であるのかを明確に判断する智慧を得たわけです。そして大悟以降もその悟りの力を深めています。

幸福の科学の三帰信者（仏・法・僧の三宝に帰依することを誓った信者）は、戒として「正しき心の探究」をすることが求められています。ジャーナリストも同様です。霊界の存在を前提として、神仏の子である人々が、神仏の境涯に向かって魂を成長していく方向性で、言論活動を展開していくことが大切になります。

◆霊的知識が善悪の判断に関わる事例――脳死判定

この視点は、時事問題を論じる場合でも生きてきます。

例えば、脳死臓器移植問題がそうです。一九九七年に臓器移植法が成立して以降、脳死と判定された人からの臓器移植が行われるようになってきました。しかしながら、この問題に関して大川総裁は、「脳死は人の死ではない」と指摘しています。人間の肉体には魂が宿っています。そして、この肉体と魂とを結ぶ霊子線が切れた瞬間が人間の死となります。その瞬間は通常、心臓が停止してから約二四時間後に訪れます。

したがって、病院で「脳死」と判定されても、それは脳の機能が停止しただけであって、本当の意味では死んでおらず、まだ生きていることになります。脳死の段階で臓器移植を行った場合、亡くなった人の魂は強烈な痛みや驚愕を感じ、あの世への安らかな旅立ちが妨げられてしまいます。

そこで、脳死移植は推進すべきではなく、再生医療をはじめとする医学の進歩によって、難病や重病を克服することに力を入れるべきだと提言しているわけです。

人間はどの時点で「死ぬ」のかを霊的に把握しているからこそ、「脳死は死ではない」という見解が出てくるわけですが、まさに「死後の世界の専門家」としての宗教ならではの判断だと言えます。

◆「霊的世界に目覚めさせる」ための言論活動としての霊言

最近では、左翼ジャーナリズムの代表的存在であるＮＨＫが、超常現象や霊などを完全に否定するような番組を制作しています。このような番組に異議を申し立て、導きを与えることも極めて重要です。

本来、科学は、未知の現象があった場合に、それがどのような仕組みで起きるのかを探究するものです。超常現象や霊現象はその典型でしょう。したがって、NHKの「超常現象は一〇〇%ないのだ」という結論ありきで議論し、報道する態度には問題があります。

「科学で証明できない現象なんてない。」という態度は、「傲慢」を通り越して「無知」である。

「真実」は証明される前から既に存在しているのだ。

『幻解ファイル＝限界ファウル「それでも超常現象は存在する」』まえがき

私はこの三十五年間、霊的世界と交流せずして過ごした日は一日もなく、霊界の存在証明を発表し続けている。この唯物論の呪縛、洗脳を早く解かねばならない。科学の先には「未知の世界」が広がっていることに気づいてほしいと心から願っている。

また、次のようにも述べられます。

今のこの国のあり方というか、常識や価値観は、そのほとんどが、政治や教育、あるいは、ジャーナリズムがつくってきた戦後の考え方に染まって出来上がってきたものでしょうが、それを、なんとか、本来の「当たり前の姿」に戻していきたいと思っているのです。

この世的なことばかりを議論しているような現状は、本当に残念でなりません。宗教というものを迷信として片付けているのかもしれませんが、従来から私が説いているとおり、実在世界と言われる、あの世の世界こそが本当の世界であって、この世は仮の世界なのです。そうであるならば、地上の人間の考え方のほうが引っ繰り返っているわけです。

これは、やはり、廻心《えしん》の原理を働かせ、改心させることが必要です。人々の考え方を、クルッと回して引っ繰り返し、正反対のものに変えていかなければならないのです。

それが宗教の仕事であると私は考えています。

『逆境の中の希望』六八〜六九ページ

そうした大川総裁の言論活動の中で、二〇〇九年頃から大きな割合を占めるようになっているのが「霊言」です。霊の意見を訊くというのは、宗教ジャーナリズムの最たるものかもしれません。

しかしながら、一般的なジャーナリズムの世界の人たちからすれば、なかなか素直に認められるものではないようです。実際、違和感を表明する人もいます。

例えば、先述の花田編集長などは、対談のときにこう述べていました。

花　ただ、いつも言っているように、霊言というのはやめたほうがいいよ。「河野・村山の霊言」みたいなのをやられても（『「河野談話」「村山談話」を斬る！』）、クレディビリティ（信頼性）が下がる。せめて生きている人の（守護霊）霊言はやめてほしい。内容はもう、おっしゃる通りだ。総裁の勉強ぶりはわかる。だとしたら、大川総裁が自分で勉強したものを引用しながら、「この人の言うことには同感だ」とか、「私もこう思う」と書けばいい。勝手に、「この人はこう思っている」とか書かれたら、生きている人の場合は困るんじゃないの？

綾　もちろん、大川総裁は一般の書籍も読んでいますし、河野さんの発言や村山さんが言ったこともチェックしています。でも、本心がどうなのかは、霊言でないと分かりませんから。宗教とジャーナリズムがセットになったようなものです。（中略）

花　だから、そうなんだよ、要は、総裁が勉強されて、その人の考え方とかを全部よく知ってるから、内容については、本人が読んだってそう違和感がないことが書いてあると思いますよ。だけど、それは、「守護霊の霊言」じゃなくて、自分が読んでこう思うということを総裁が書けばいいじゃない。

綾　ただ、あの世の霊にも言論の自由があって（笑）。

花　そんなのがあるの（笑）。

綾　やっぱり言いたいことがあるわけですよね。守護霊も、地上の人間に近い人格なんだけれども、独立した人格でもあって、言いたいことがある。聞いてみると、「今後この人はこうなっていく」という予測がつくんです。結局はあの世があるとか、神様や霊がいるというのを常識にしたいというのが、霊言を続ける根底にありますので。

「『W・i・L・L』花田編集長×本誌編集長　ガチンコ対談」
（「ザ・リバティ」通巻二二四号：二〇一三年一〇月号）

このように、花田編集長は霊言に対してかなりの抵抗感を示しています。これが現在の一般的なジャーナリストの姿かもしれません。

こうした霊言への疑問について、大川総裁はこう答えています。

「霊言」ではなく、私が書き下ろした本のようにして出したほうが、外から見ればスマートに見えるというのは、私もよく分かります。けれどもやはり、事実は事実、真実は真実なので、これを教えなければいけません。できるだけいろんな切り口から、「もしかしたら、『霊』というのは本当かもしれない」と思ってほしくて、霊言を出しているのです。

ジャーナリストで、幸福の科学に親和性のある人でも、「言っている内容についてては共感するけれど、守護霊とか、霊言などと言うのはやめてくれ」と言う人も、いることはいます。

やめてもいいのですが、ただ、死んだ後は、どうせあの世や霊について勉強し

なければいけなくなります。（中略）
戦後はずっと、霊的なものを否定するという、非常に悪い流れが続いています。
これを、何とか逆転させなければいけません。

「霊言シリーズ200冊発刊の意味（前編）」
（「ザ・リバティ」通巻二二六号：二〇一三年一二月号）

霊言というかたちで情報発信をしているのは、あくまでも「霊的世界に目覚めさせる」「神仏の子としての自覚を促す」ために行っているということです。

◆霊言が国際政治の指針となる

もちろん、霊的世界の証明ということのみならず、霊言の内容自体にも大きな価値が含まれています。大川総裁が収録する霊言では、人々の公的幸福に関わる政治的・社会的問題についての言論も数多く発信されているからです。

①オバマ大統領によるアメリカの弱体化を予測

例えば、二〇〇八年一一月、アメリカでオバマ大統領が選出されました。オバマ氏は「チェンジ！」を合言葉にしていましたが、アメリカ国内では変革への期待感が非常に高まり、社会にはある種の高揚感が満ちていました。しかし、大川総裁は、就任以前の時点で、オバマ氏守護霊による霊言の内容に基づいてオバマ氏が大統領になった場合の危険性を指摘しました。

オバマ氏守護霊が語っていたことのポイントをまとめると、「主な関心は、アメリカ経済の立て直しや差別の解消にある」「日本よりも『偉大な中国』と話をしたい」「アメリカは『世界の警察』ではなくなる」といったことです。問題のある国があっても、なるべく事を構えず、紛争に首を突っ込みたくないという意見です。

実際にこれまでのオバマ大統領の政策は、基本的にこの霊言の内容に沿って展開していることが一目瞭然です。中国はその間も覇権主義を採り、領土拡張に突き進んでいましたが、オバマ大統領は中国との対話を重視し、その野心を抑止することができませんでした。

「世界の警察ではなくなる」ということに関しては、オバマ大統領本人の口からほぼこの言葉通りに発信されましたし、イラクやアフガニスタンからの撤退を着実に進めていきました。結局、アメリカの中東地域からの撤退は、イスラム国の台頭やシリアの内戦を誘発し、意図とは裏腹に戦争を続けざるを得なくなっていますが、オバマ大統領は霊言通りの人物であることが明らかになったと言ってよいでしょう。

②習近平国家主席の危険性を見抜く

大川総裁の先見性は、中国の動向に関しても冴えわたっています。習近平氏が中国の国家主席に内定したのが二〇一〇年一〇月。当時、一般論としては、習氏は調整型のリーダーで権力基盤が弱いという意見が主流でした。中国脅威論を報じる保守系メディアさえ「史上最弱」と報じていたほどです。

しかし、習氏の守護霊（チンギス・ハン）の霊言で明らかになったのは、彼が極めて覇権主義的・拡張主義的な傾向性の強い指導者であるということでした。習氏の守護霊はアジアからアメリカを追い出し、中国がアジアやアフリカを支配する未来像を描いていました。

その後、国家主席に就任した習氏は、汚職根絶を大義名分にして反対勢力を次々と失脚させていきました。権力を掌握して独裁体制の構築を進めたのです。対外的には、尖閣諸島を巡って日本と事を構えるばかりでなく、軍事施設を建設するなど南シナ海の支配を強め、フィリピンやベトナムと衝突しています。楽観的だった内外のマスコミの論調も、幸福の科学が発信した警戒論にやっと追いついてきました。

③プーチン大統領の本音を明らかに

もう一人挙げるとすれば、ロシアのプーチン大統領でしょう。プーチン氏の守護霊霊言は何度か行われています。特に注目されるものとしては、ロシアがウクライナ南部のクリミア半島を編入したことを受け、NATOおよびアメリカとの軍事的な緊張が高まっていた中での霊言があります（二〇一四年四月一八日収録）。

当時、アメリカのメディアを中心に「プーチンは悪魔だ」「世界秩序の破壊者」「冷戦を復活させようとしている」などの批判が浴びせられていました。そうした状況において、プーチン氏の守護霊は、クリミア併合はロシア系住民の多い同地域を救済する意図があったことを明らかにしました。そして、アメリカを中心とするロシア包囲網を批判し、「本来は中国包囲網を敷かねばならないのに、欧米や日本がロシアを追い込み、中国と結ばざるを得ないようにしている」と主張しました。

また、プーチン氏の守護霊は、アメリカが「世界の警察」として撤退していく流れを見据え、ロシアが世界正義の一部を代理するという構想まで述べています。善意に解釈すれば、軍事的な部分を含めて、ロシアは、秩序の破壊者ではなく、ロシアなりの秩序の構築を目指しているということでしょう。

実際、ウクライナ問題については、クリミアを編入したもののその後は落ち着いていると言ってよいと思います。また、アメリカが積極的な軍事行動を取れない状況で、プーチン大統領はイスラム国への攻撃やシリア内戦への介入を決定しましたが、結局、どちらの問題の解決においてもロシアの存在感が強まっています。

プーチン大統領が悪魔的に見える面もあるかもしれませんが、結果を見ると、ロシアによる秩序構築がじわじわと進みつつあるのは否定できません。その意味で、プーチン大統領の守護霊霊言の内容がそのまま展開しているように思われます。

◆公人の本心に迫る守護霊霊言

つまり、霊言というかたちをとった公人へのインタビューは、ジャーナリズムとしては、ある意味でのスクープ性を有していると言えます。

これは、ジャーナリスティックに見ても、まさしく正しいアプローチだと思います。新聞社やテレビ局であっても、もし、温家宝の本心に斬り込むインタヴューができるなら、やってみたいことでしょうが、当然ながら、そう簡単に実現はしません。たとえ、インタヴューが認められたとしても、それは、内容を制限されて、儀礼的なことしか訊けないでしょう。

その意味では、温家宝の本心に斬り込み、迫ることができるのであれば、むしろ、マスコミのほうから当会にお願いに来てもよいぐらいだと思います。（中略）

ジャーナリスティックに見たら、「生きている人の守護霊を呼び、その本心に迫る」というのは非常に画期的なことであり、私が新聞社の社長であれば、「温家宝の本心に迫れるのなら、ぜひお願いします」と、やはり言うでしょう。

ジャーナリズムの本質からいけば、「宗教にそれができるならば、ぜひ、当社に代わってやってください」と、お願いするのが筋だろうと思います。

「孔子のような二千五百年前の人が、どう思ったか」という霊言も非常に大事なことですが、「現代に生きている人がどう考えているか」ということは、ジャーナリズム的には見逃せないことです。

『温家宝守護霊が語る　大中華帝国の野望』一四〜一六ページ

政治家など公人の守護霊霊言を収録することの意義は、彼らの本心を明らかにするところにあります。守護霊は本人の潜在意識の一部であり、守護霊の意見は地上の本人の「本心」と言える部分です。すぐには外部に現れなかったとしても、時間が経てば守護霊の言った通りに動いていきます。オバマ大統領にしても、習近平国家主席にしても、プーチン大統領にしても、その点はみな同じでした。

もちろん、霊言をするのは地上に生きている人の守護霊だけではありません。過去に生きた人であり、現在はあの世に還って天国か地獄にいる霊存在も霊言を送ってきます。そうした霊たちの霊言について、大川総裁は次のように述べられております。

現在、書店には、私が出した霊言集が数多く並んでいます。新聞に霊言集の広告が載っているのを見た人も多いでしょう。

すでに地上を去った、かつての偉人たち、この国や他の国において、国を指導していた偉人たちが、次々と霊言を送ってきています。彼らは、未来の人類のあるべき姿を指し示してくれているのです。
彼らは、「あの世」という世界、すなわち、「実在世界」が現実に存在することを、その個性でもって、身をもって証明してくれています。それと同時に、私たちが、未来社会を構築する際の基準となる、「真理とは何か」「正しさとは何か」ということをも教えてくれているのです。

『政治と宗教の大統合』一〇八ページ

かつての偉人たちの霊言が、未来社会を構築する基準になる――。これは先ほどから述べている構想力や先見力につながるものでしょう。さまざまな霊言が「正しさ」「正義」を明らかにしてくれているのです。

◆STAP細胞の真実性を発信

霊言に基づいた言論活動を「霊言ジャーナリズム」と呼んでもよいでしょう。

霊言ジャーナリズムにおいては、社会的にナーバスな問題についても意見発信をしています。例えば、二〇一四年から大きな話題となったSTAP細胞についての問題です。

当初、生物学や医学に革命をもたらす新たな万能細胞であるとして大々的に取り上げられましたが、その研究者である小保方《おぼかた》晴子氏の論文に使用された画像に不正があったということで、マスコミから一斉にバッシングされました。その最中に、小保方氏守護霊の霊言を収録しています。

小保方氏の守護霊は、「STAP細胞は絶対にある」と主張しました。また、細胞作成に必要なプロセスのすべてを明らかにはしていないこと、自分が行えば再現できることも強調していました。そしてさらに、生命の起源にある神の念《おも》いなど、深遠な世界観にまで話が及びました。

この霊言収録の翌日、小保方氏本人の記者会見が行われましたが、「STAP細胞はあります」と、霊言と同じことを断言していました。残念ながら、この小保方氏へのバッシングは止まず、その後、非常に制約された条件の中で検証実験が行われ、現時点ではＳＴＡＰ細胞と小保方氏が社会的に葬られるという結果になってしまっています。

これは、「何が正しいのか」はある程度時間が経ってみないと分からないということでしょう。ＳＴＡＰ細胞の問題について、大川総裁はこう述べています。

私たちは「理研」とは違って宗教法人であるが、ある人の魂の素性・傾向性を見分け、その「筋」を判定する能力においては、ジャーナリストや裁判官に後れをとることはないと確信している。この人を抹殺してはいけない。今は、護り、見守り、育てることが大切だ。わが国の宝だと思う。

『小保方晴子さん守護霊インタビュー　それでも「ＳＴＡＰ細胞」は存在する』まえがき

どのマスコミも、小保方氏があたかも犯罪者であるかのような扱いでしたが、大川総裁は、ほとんど世界で唯一、小保方氏の研究には価値があり、未来の生物学や医学や生命科学を拓くものだという価値判断を示したのです。これは、ジャーナリストや言論人の持つべき「勇気」を示しているとも言えます。

◆神々の真実を伝え、一神教にも改革を促す

地球の未来に関わるマクロ的な問題についても、大川総裁は霊的世界の真実を探究した上で方向性を発信しています。

例えば、中東問題です。

中東問題を読み解くには宗教の理解が欠かせません。キリスト教とユダヤ教、イスラム教の問題が複雑に入り組んでいるため、何が正しくて何が間違っているのかが極めて分かりにくくなっています。

そこで、大川総裁はそれぞれの宗教を指導している神々についての霊的探究を行ってきました。例えば、イスラム教側では、ムハンマドの霊言、イスラム国最高指導者であるバグダディの霊言、キリスト教側ではイエス・キリストの霊言はもちろん、大天使ミカエルの霊言、双方の関係者として大天使ガブリエルの霊言などを収録してきました。

その結果、中東の宗教では、一神教と言いつつ、実際に信じている神が複数いること、中東・アフリカ地域で広く信仰を集めているエロヒムという普遍的な神と、ユダヤ人を指導するヤハウェという民族神とが一緒になってしまっていること、その結果、ヤハウェの激しい戦闘性や復讐心がキリスト教、ユダヤ教、イスラム教の三宗教に流れ込み、宗教対立をもたらしていることを解き明かしました。

こうした霊的調査を経た上で、イスラム教だけではなく、キリスト教やユダヤ教も含めて宗教改革が必要だと大川総裁は述べています。

◆「国師」「ワールド・ティーチャー」として時代をデザインする

これらは大川総裁による霊言ジャーナリズムのほんの一部ですが、これだけでも、もはや一ジャーナリスト、一言論人の枠を超えていることは明らかです。まさしく「国師」あるいは「ワールド・ティーチャー」こそが真の姿であると言えるでしょう。

国師とはどのような存在でしょうか。歴史的には、釈尊が国師であったと言われています。釈尊は、あの世の霊と対話する「天耳《てんに》」という神通力を得ており、実際に梵天《ぼんてん》などの高級霊や悪魔との対話の記録が残っています。そうした能力に基づき、国師として国王などに対して政治指南をしていました。基本的に、今、大川総裁が行っていることと同じです。

ワールド・ティーチャーはどうでしょうか。例えば、大正・昭和期の哲学者、和辻哲郎が「人類の教師」（ワールド・ティーチャー）として、釈尊、ソクラテス、孔子、キリストの四聖を挙げていました。特定の地域や国だけではなく世界に導きを与え、世界を幸福に導いていった存在がワールド・ティーチャーです。先ほど、大川総裁がイスラム圏の改革まで論じていることを紹介しましたが、まさに世界に対して責任を感じ、世界を導く使命を果たしています。

大川総裁は世界教師の使命についてこう述べています。

いまは、世界の人口が六十億を超える時代です。これは、歴史に記録が遺っているなかでは、最大の人口を有する時代でしょう。こういう時代に、人類の教師が生まれないはずはありません。いまは、人類の教師、「ワールド・ティーチャー（世界教師）」が必ず生まれる時代なのです。

ただ、「それは同時代の誰であり、その教えは、どの教えであるか」ということは、同時代の人には、なかなか区別がつきにくいのです。

それをいち早く悟る人もいれば、悟らない人もいます。また、批判する側にいる人のなかで、やがて回心する人もいるでしょう。あるいは、今世では認めることができずに、転生した来世において信ずることになる人もいるでしょう。

『「霊界散歩」講義』三九～四〇ページ

さらに大川総裁は、自身を「時代のデザイナー」とも表現しています。

いわば、私は、「時代のデザイナー」なのだと思うんですよ。もともと、霊的な存在としては、「どんな時代をデザインしていくか」ということを考え、時代をつくっているのだと思います。

つまり、「時代のデザイン案」を下界に投げかけているわけですが、現実に、地上界で生きている人にそれをさせてみると、「うまくいかずに、チョンボが相次ぐ」ということがあっては、何度もやり直しを繰り返していると思うんですね。

その「時代のデザイナー」の部分が、ある程度、才能として出てきているのだろうと思いますが、実は、そのことには、もう、あらゆるものがかかわってきます。そういう総合的なものであるわけです。
若いころから努力して、「諸学の統合」ということはやってきたのですが、「時代のデザイナー」でもあるということですね。

『政治革命家・大川隆法』一三五〜一三六ページ

以上、言論人の究極の姿としての大川総裁の活動を紹介してきました。ただし、一般的な言論人やそれを目指す人からすれば、国師でありワールド・ティーチャーである大川総裁のレベルに簡単に手が届くわけではありません。霊能力を発揮するわけにもいかないでしょう。したがって、私たちは師の導きを受けながら、弟子として幸福の科学的なジャーナリズムをいかにして展開すべきかを問われることになると思います。

3．宗教的原理と民主主義の原理の橋渡し

◆民主主義は神の心を知るための制度

では、私たち自身としては、いかなる姿勢で幸福の科学的な言論を展開すべきでしょうか。

「宗教ジャーナリズム」と言うと、一般的な印象としては「神の言葉をそのまま伝える」と考えるかもしれません。その場合、民主主義との兼ね合いはどうなるのかと思うかもしれません。

神仏の言葉と民主主義との関係については、すでに第一章で扱いましたが、要点をもう一度述べておきます。

本来、政治とは、神仏から委ねられた人が行うものですが、現実には神仏の声を聞くことができないため、その〝代用品〟として、選挙を行うのが民主主義です。

その背景には、民の声で多数を占めたものが、神仏の考えと同じであろうという考え方があります。

したがって、近代の民主主義というのは、本当は、神様の声、神仏の声を知るための制度なのです。「神ならこう考えるであろう」ということを、多数決の中で慮《おもんぱか》っていこうというわけです。近代民主主義の興りとされるイギリスのピューリタン革命においては、そのような考え方が貫かれていたことはすでに述べました。

「各人はそれぞれの意見を持っているだろうが、各人の中に神の心の断片が宿っているであろう。これらをつなぎ合わせて神の心の全体像を読み解いていこう」というのが基本的な考え方なのです。そのためには、人々が宗教的見解を表明できなければなりません。そこで「信教の自由」「言論の自由」が起こってきたのです。

◆神の声が聴こえる時代の民主主義のあり方

しかしながら、現代は大川総裁の教えや霊言によって神仏の声や考えが明確に示されている時代です。ピューリタンの時代との違いはそこにあります。そうした時代におけるジャーナリストや言論人は、どうあるべきでしょうか。

この点については、古代の民主主義が参考になります。古代ギリシャにおいては、神々から示される神託を重視しつつ、同時に民主主義も行われていました。神の声と民主主義が両立していたのです。

神託の特徴は、極めて少数の人にしか降りてこない点にあります。一方で、民主主義というのは、意志決定の方法だけを端的に取り出すならば多数決です。一見すると、両者はまさに対極のものに思えます。幸福の科学的なジャーナリズムとは、対極にあるはずの宗教的原理と民主主義の原理を両立させる役割を担うものなのです。

では、どのように両立させるのでしょうか。

まず、当然ながら、地上に降ろされた神仏の声を真摯《しんし》に受け止めます。ただし、それは神仏の声に盲目的に従って思考停止をしろということではありません。人間としては、神仏の声を価値観の基本に据えつつも、自分の良心に基づいて物事を判断していく努力が要ります。

これは、すでに述べた「ソクラテスの助産術」に近いと言えるでしょう。ソクラテスはもちろん、彼が正しいと考えることを訴えていたわけですが、それは、単に自分の考え方を押しつけるということではありませんでした。アテネ市民やソフィストたちが自分たちで考えるように促し、心の中に宿している真理を彼ら自身の力で発見できるように促しました。それが、ソクラテスの助産術です。

これが幸福の科学的なジャーナリズムの一つのモデルです。仏教的に言うならば、「各人の仏性を引き出す」ということにつながります。

◆神の声に合わせて民を「説得」する

では、神仏の意見と人々の意見とが真っ向から対立した場合はどうすればよいのでしょうか。大川総裁は以下のように述べています。

神様の声が聞こえた場合は、その神様の声を伝えるのが、宗教の普通のスタイルです。基本的にはそのスタイルです。それでは、「民の声と意見が違うぞ」ということで、神の声と民の声の意見が違ったらどうするか。それは、神の声に合わせて民を説得しなければいけない。それが宗教家の仕事です。民はこう思っている。しかし神はこう思っている。意見が違う。どっちが正しい。宗教のほうは神の声に合わさなければいけない。当たり前です。それはそうです。だから、説得の技術がそこに出てくるわけです。説得しなければいけない。その説得の技術が足りないのです。

二〇一〇年四月一五日法話「『危機に立つ日本』講義」質疑応答

人々が神仏の意見に反しているならば、彼らの良心・仏性に訴えかけて説得し、神仏の考えに基づいて判断してくれるように促さなければなりません。そのように導くのが、幸福の科学的なジャーナリスト、言論人の役割であるということです。

神仏という存在は、人々の幸福を願っています。それを願わない神仏はあり得ません。人々の幸福を願うがゆえに神仏であるとも言えます。民族神でも、自らが指導する民族の幸福を願っています。さらに普遍的でグローバルな神であれば、全人類の幸福、世界的な幸福を願っています。その願いを受け取り、どちらの方向に向かえばよいのか、人間の側で考えていかねばなりません。

このように、ジャーナリズムあるいはメディアの役割として、「宗教的原理と民主主義の原理の橋渡し」ということが大きな柱としてあるのです。

「メディア」は、日本語で「媒体」と言います。通常、ニュースになるような事件と読者や視聴者をつなげる媒体という意味になります。

しかし、先に述べた宗教的原理と民主主義の原理の橋渡しということを考えると、「神仏と地上の人々をつなぐ媒体」という新しいポジションが出てくることになります。

これは、ジャーナリストに限らず、宗教政治家にも同じことが言えます。神と人間との間をつなぐものが宗教政治家です。彼らは神仏の声を受け取り、自らの良心に基づいて判断し、その判断を人々に示しつつ、国民たちにも自らの良心に基づいて判断をしてもらうように導きます。宗教的な立場に立つジャーナリストあるいは言論人と、宗教政治家とは協力関係にあると言えるでしょう。

◆言論の自由は神の心を探究する自由

「言論の自由」の正しい解釈は、人々が宿している神仏の心を表現する自由を保障することで、社会全体としても神仏の心を表すことができるという意味です。

これが本当の意味での民主主義社会です。

しかし、現代では、神仏との関係が切り離されて、「人間の言論の自由」だけが単独で肥大化しています。特に戦後日本ではそうです。「政府や権力者は神聖不可侵な言論の自由を絶対に抑圧してはならない」という部分だけが強調されています。つまり、「人間だけの民主主義」になっているところがあるのです。

しかし、「神仏なき民主主義」のいき着く先は、極端に言えば、中国や北朝鮮のような共産主義国家になります（北朝鮮の正式な国名は、朝鮮民主主義人民共和国です）。

したがって、これからの言論の自由は、神仏の声を受け止めて共有し、神仏の声について自由に議論し、その中から「こういう未来を創っていこう」と方針を決めていく自由のことだと解さねばならないでしょう。それが真の言論の自由のあり方ではないかと思います。

そもそも歴史的には、言論の自由は、信教の自由、信仰告白の自由、伝道の自由、教会を建てる自由といった宗教的な自由から発生したものですから、ある意味で、原点に還っていく流れになるのではないでしょうか。

近代以降、政治と宗教が分離するにつれて、宗教的な自由と言論の自由とが分離して解釈されてきましたが、これからは、両者を一つに融合していくという方向性が出てくるでしょう。民主主義が成り立つ前提として、宗教的良識などを核とする正しい価値観がなければならないからです。ここにおいて、宗教ジャーナリズムが必要とされることになります。

現代の日本では、宗教は「洗脳」や「思考停止」のイメージから自由を抑圧するものと考えられがちですが、本来はその逆で、宗教はむしろ自由の根拠となるものです。少なくとも、幸福の科学的ジャーナリズムにおいては、自由の尊重が基本姿勢となります。

◆国民の良識を信じる

次の引用は、大川総裁が幸福実現党に関して述べたものですが、言論活動の本質にも関係するので紹介します。

今は勝てていないかもしれませんけれども、私は国民の良識を信じたい。もし「正論でもって、悪を糺《ただ》す」というところにジャーナリズムの原点があるならば、ジャーナリズムは、当会が発信しているものに、必ず付いてくると思います。（中略）私が浦島太郎ほどの年齢を取るまでは、かかるとは思っておりません。

二〇一四年三月一五日法話「驚異のリバウンド力」質疑応答

ポイントは、「国民の良識を信じている」というところです。ある特定の意見を押しつけるのではなく、一人ひとりの良心を信じ、各人の自由な判断に任せるという基本姿勢がうかがえます。もちろん、正しいと信じたことは力の限り訴えますが、最終的にはまさに各人を神仏の子として尊重して信じることになります。

それは、“Thinking Man”というか、造語になるかもしれませんけれども、“Thinkable Man”です。「考えることができる人間」によって、民主主義的な成果が紡ぎ出されていかなくてはならないと思います。

そういう“Thinkable Man”、あるいは、“Thinkable Men”がいることによって、マスコミが多様な情報を提供することにも意味が出てくると思うのです。

いろいろな考え方や情報が奔流のごとく出てきますが、「考えることができる人間」が存在することによって、いろいろな情報や知識が意味を持つものになってきます。

そうした「考えることができる人間」こそ、やはり、自由の主体であるべきだと思いますし、自由の主体たる人間が、一定の議論をして、正しい結論を導いていくことが大事なのではないかと思います。

『政治哲学の原点』七三～七四ページ

それぞれの人が自由の主体であり、自由な議論によって結論を出すことを最大限尊重することで民主主義的な世界をつくろうとしているのです。

当会は、もう三十年近く活動していますが、マスコミからの批判のなかで、かつて私をヒットラーになぞらえて批判した人もいました。

しかし、政治哲学的に見ると、当会は、ヒットラー的な考え方には極めて抵抗する遺伝子を持っているのです。

どちらかというと、「一つの価値観以外を排除し、敵をつくり、それを徹底的にやっつけることによって、まとまりをつくっていく」という、独裁主義的なものの考え方に対しては、非常な抵抗感を持っています。

その抵抗感のもとは、当会に初めからある、「多元的な価値観」「多様な価値観」です。それについて非常に肯定的な考え方が出ているはずです。

同書六九〜七〇ページ

「政治における自由」を私もかなり説いていますが、自由の根源は「プルラリティ（複数性）」だと思います。

人間には、人種が違ったり、性格が違ったり、生まれに違いがあったり、男女の違いがあったり、身体的に「強い」「弱い」があったり、職業に違いがあったりするように、「複数性」から国民は成り立っている面があるので、自ずと、いろいろな意見は出てくるものです。

その「複数性」をいちおう認めた上で、必要な議論をきちんと戦わせ、そして結論を導き、一定の結論が出たときに納得する文化をつくり上げていくことが、非常に大事なのではないかと考えます。

同書五一～五二ページ

「複数性」については第一章でも触れました。神仏の声、あるいは宗教の教義があるからといって、それによって単一の考え方にするわけではありません。神仏の心を指針としつつも、それをどう生かすかは各人で議論して結論を出さねばなりません。それぞれの人間には違いがあります。人種も違えば、性別も違うし、性格も環境も境遇も異なる。その中で、自らの良心、良識、仏性、神性に照らしてそれぞれが考え、意見をぶつけて議論し、結論を出していく。そのように、一人ひとりの多様性、複数性に由来する自由があるということです。

◆高度に知識的な社会にする

例えば、幸福の科学のメディアとして、「月刊 幸福の科学」をはじめとする布教誌があります。それ以外にも「ザ・リバティ」や「アー・ユー・ハッピー？」などの月刊誌、「ザ・ファクト」というウェブメディア、幸福実現党の機関紙「幸福実現ニュース」など、多様なメディアがあり、それぞれがオピニオン的な内容を発信しています。

それらの仕事の本質は「啓蒙する」ことです。仏教的に表現すれば「下化衆生」ということになります。

この際に、私たちが怖れなければいけないのは、知識にも、善い知識と悪い知識があるということです。先ほどの週刊誌のたとえでも言ったとおり、両方ありえるので、警戒しなければいけません。

しかし、国家規模での検閲のような規制をしたくはありません。そうではなくて、一人ひとりの心のなかにおける、自律的な判断が大事だと思います。その基

礎になるのは教育です。教育が正しければ、人々は、知識に対して善悪を判断する力が湧いてきます。（中略）

宗教は、この知識社会が高度に気品あふれる洗練された社会となるように、人々の精神を健全に育てていく方向で、知識社会が開花する方向で、戦いを続けていかねばならないと思います。

ですから、啓蒙的手段としての宗教というものが、ますます根を張らなければいけません。そして、その根の張り方は、日本一国にとどまるのではなく、グローバル・ウェブ（地球的な蜘蛛の巣）とでもいうべき、地球全体に蜘蛛の巣のように張りめぐらされた啓蒙勢力でなければならないと思います。

『幸福の科学興国論』八一～八三ページ

一人ひとりが自律的な判断を行えるよう、宗教が啓蒙的勢力にならねばならないのです。しかも、それは地球を覆うようなものでなければならないとも述べています。私たちがその任に堪える人材になるためには、大変な努力が求められるでしょう。

その意味では、評論家といわれる人のなかで一流の方は、そうした学者よりは、やはり上なのです。そうとうに博学で、かなりの範囲を勉強していないと、現在ただいまのことは、なかなか言えません。ただ、かなりひどい予想をしているようではありますが……。それでも、言えるだけ偉いのです。当たればもっと偉いけれども、当たる人は、数多くはいません。それほど難しいのです。

ですから、宗教家になるにしても、もちろん宗教としての修行は限りなくやらなければいけないし、深みも要りますが、同時に、「世間解《せけんげ》」の立場で、世間を理解することが大切です。

そして、現在ただいまのことについて、ある程度の方向性を示して、「こちらへ行くべきだ」ということを、個人のレベル、社会のレベル、そして国家のレベルでも言える力を持つことは、非常に大事なことです。その元になるのは、先ほどから言っていますが、幅広く深い勉強を続けているかどうかだけなのです。これをしていない人には、わかりません。

『人生成功の秘策』一七四～一七五ページ

現在進行形の現象に意見を述べる見識ある宗教家になるためには、一流の評論家以上に厳しい自己研鑽《けんさん》が必要になるわけです。

4. 宗教ジャーナリズムの役割

◆大川総裁が下生した三つの理由

さて、私たちの仕事を考える上では、「大川総裁が日本に下生していることの意味」についても理解を深めておかねばなりません。

『大川隆法の守護霊霊言』で、大川総裁の守護霊、すなわち釈尊が「大川隆法が日本に生まれた理由」として三つ挙げられています。

一つ目は「植民地支配の歴史の修正」です。先の大戦において日本人の活躍により白人による植民地支配は終わりを迎えましたが、歴史問題ではその日本が悪者にされたままでいるなど、白人による植民地主義の十分な反省がなされてはいません。幸福の科学系メディアでも歴史認識についてさまざまな言論活動を展開していますが、最終的にはアメリカの反省が必要になってくるでしょう。

二つ目は「共産主義との戦い」です。これは、中国共産党政権の拡張主義・覇権主義を抑止するということが大きな柱ですが、日本国内においては、唯物論的な教育、唯物論的なマスコミとの戦いということにもなります。私たちは、反マルクス主義の革命を起こしていかなければなりません。

三つ目は「イスラム圏の改革」です。これは先述の通りです。

こうした使命の大きさを考えると、前述のように、大川総裁が「地球全体に蜘蛛の巣のように張り巡らされた啓蒙勢力でなければならない」と言った理由がよく分かります。

◆幸福の科学の言論戦の歴史

既存のマスコミでは、戦後、「宗教は悪だ」という考え方が強くなり、宗教的な考え方を黙殺する傾向が強くなっています。

悪徳マスコミになると、「嫉妬」や「疑い」を基本原理として悪口を書き立てるような、言論とも言い難い言論が並ぶという現状になっています。こうした「マスコミの壁」を破っていくのが、真の啓蒙としての言論であると言えるでしょう。

その場合、既存のマスコミとの衝突がどうしても起きてきます。幸福の科学も、「講談社フライデー事件」をはじめとして、世俗的メディアとの戦いをすでに数多く経験しています。講談社フライデー事件とは、一九九一年、大川総裁（当時は主宰）および幸福の科学に対して、週刊誌「フライデー」をはじめとする講談社メディアが悪質な誹謗中傷を繰り返したことに対し、教団として戦った事件を指します（続編【マスコミ改革編】（仮題）で詳述予定）。

言論戦を行う相手はマスコミばかりではありません。幸福の科学が言論を武器に戦った事件は、これ以外にもあります。宗教への課税を巡っての国税庁との戦いもありました。また、第一章で触れたいじめ問題もそうです。

幸福実現党が宗教政党であることを理由に既存のマスコミが「黙殺権」を行使し、同党の存在やオピニオンについて「報道しない」という戦略を取っていることも大きな問題です。これなどはまさに、宗教的原理と民主主義の原理を完全に分ける考え方の典型でしょう。

◆言論戦では「悪魔との戦い」も起きる

こうした邪見と戦うのが幸福の科学的ジャーナリズムであり、「ザ・リバティ」をはじめとする幸福の科学系メディアの使命です。この言論戦には「悪魔との戦い」という側面があります。仏教的に言うなら「法戦」です。

悲しいことに、地上の人間を見ても、そのようなことを考える人間が一部います。彼らは徹底的に悪いことをします。それが、邪教団の教祖であったり、週刊誌等の編集長であったり、宗教学者のような学者であることもありますが、確信犯的に、悪を正義と信じて活動している連中がいるのです。

この人たちは、人間としては最後です。そして、死後に間違いなく悪魔になって、攪乱してくるのは確実です。それに対して、「人間として、もう最後になる」ということを彼らに警告しつつ、その罪もはっきりと指摘して、言うべきことは言わなければいけません。

『仏陀の証明』三二八ページ

非常に厳しい内容ですが、この世界では、現在、悪魔が地上に影響を与え、自らが操った地上の人間を悪魔として再生産するという事態が繰り返されています。それに対し、幸福の科学的ジャーナリストは厳しい姿勢で「教導の怒り」をもって戦わなければなりません。その法戦のもとにあるのは、やはり信仰心です。

悪魔の言うことは、一理はあるのです。「小さなもので大きなものを取る」というのが彼らの狙いです。彼らは「海老で鯛を釣る」ということを、いつも考えています。ですから、部分的には正しいことを言うのです。この世的に幾分かの真理があるところを衝いてきます。家族や親戚の問題、金銭的問題など、この世的な諸問題に対して、部分的には正しいところを衝いてきますが、それと引き換えに、大きなものを取ろうとして狙ってきているのです。これを見抜くのが智慧です。
ですから、戦わなければいけません。降魔をするには論理が要ります。悪魔を折伏する論理が要ります。その論理を立てるのは、結局、目に見えないものを信ずる心です。仏法が真理であるということを信ずる力です。また、霊界の存在を信ずることです。こうしたことを、やはり大事にしていきたいと思います。

『仏陀の証明』三四四～三四五ページ

◆幸福な未来社会の創造に資する

宗教ジャーナリズム、特に幸福の科学系メディアの役割は、宗教的原理と民主主義の原理の橋渡しをすること、社会の一人ひとりが良心に照らして自由に議論できるよう導くこと、世俗的なマスコミや世俗的権力に問題があるなら戦うこと、最後は信仰心が大切であること、などを確認してきました。

本書で語られているのは、未来創造学におけるジャーナリズム論です。未来創造学と名づけられている以上、そのジャーナリズム論も、やはり幸福な未来社会を創っていけるかどうかが問われます。同時に、ジャーナリズムに正義を打ち立てることを意味すると思いますので、最後に『正義の法』からの引用を紹介します。

総じて言えば、個人としては、「神仏の子としての自覚」に目覚められるような努力ができる世界が望ましいでしょう。

一方、全体としては、遅れている人や進んでいる人などがいるけれども、いろいろな状態にある人が、目指すべきユートピアに向かって、夢を持ち続けられる社会をつくっていくことが大事であると思います。

『正義の法』二一七ページ

現行の日本国憲法では「主権在民」という考え方を採っていますが、これをさらに進化させ、向上させなければなりません。国民といっても、唯物論的な価値観の中における国民ではなく、神仏の子としての自覚を持ち、幸福な未来社会を創造する主体としての国民です。私たちの主張するジャーナリズム論も、こうした国民に奉仕するものである必要があります。

そうした国民が多数になるということは、神仏の心を地上に実現させる力が増すということです。それが「宗教立国」につながります。

同じく『正義の法』ではこのように説かれています。

この「神のいる民主主義」は、「基本的人権をもっともっと高め、人々が神様に近づいていくためには、どのような人権保障をしなければならないのかを教えている」ということを言っているのです。

これが「宗教立国」の意味です。憲法で保障されている基本的人権をもっと高めることで、努力すれば神様に近づいていけるような人生修行ができ、この国をそういう場にできるように、それを国のモデルとして行っていこうというのが、「宗教立国の精神」なのです。

『正義の法』二五一ページ

宗教立国を実現していくことに奉仕するのが幸福の科学的ジャーナリズムだと言ってもよいでしょう。神仏の子として目覚め、愛をもって他人や社会の幸福をつくり出す。そうした目覚めた人たちを生み出していくのが、幸福の科学的な本来のジャーナリズムの役割なのです。

【主な参考文献】

大川隆法著『この国を守り抜け』幸福実現党
大川隆法著『未来への国家戦略』幸福の科学出版
大川隆法著『幸福の科学興国論』幸福の科学出版
大川隆法著「日本の外交のあるべき姿とは」「ザ・リバティ」通巻一五一号：二〇〇七年一〇月号 幸福の科学出版
大川隆法著『緒方洪庵「実学の精神」を語る』幸福の科学出版
大川隆法著『大川隆法政治講演集2009第5巻　批判に屈しない心』幸福実現党
大川隆法著『宗教学から観た「幸福の科学」学・入門』幸福の科学出版
大川隆法「ヘルメス・エンゼルズ」通巻二〇九号：二〇一三年八月号「社会のリーダーを目指して」幸福の科学
大川隆法著『幻解ファイル＝限界ファウル「それでも超常現象は存在する」』幸福の科学出版

大川隆法著『逆境の中の希望』幸福の科学出版
大川隆法「ザ・リバティ」通巻二二六号：二〇一三年一二月号「霊言シリーズ200冊発刊の意味（前編）」幸福の科学出版
大川隆法著『温家宝守護霊が語る　大中華帝国の野望』幸福の科学出版
大川隆法著『政治と宗教の大統合』幸福の科学出版
大川隆法著『小保方晴子さん守護霊インタビュー　それでも「STAP細胞」は存在する』幸福の科学出版
大川隆法著『「霊界散歩」講義』幸福の科学
大川隆法著『政治革命家・大川隆法』幸福の科学出版
大川隆法著『政治哲学の原点』幸福の科学出版
大川隆法著『幸福の科学興国論』幸福の科学出版
大川隆法著『人生成功の秘策』幸福の科学出版
大川隆法著『大川隆法の守護霊霊言』幸福の科学出版

大川隆法著『仏陀の証明』幸福の科学出版
大川隆法著『正義の法』幸福の科学出版
「ザ・リバティ」通巻二二四号：二〇一三年一〇月号「『Ｗｉ ＬＬ』花田編集長×本誌編集長　ガチンコ対談」幸福の科学出版
早稲田大学ジャーナリズム教育研究所編『レクチャー　現代ジャーナリズム』早稲田大学出版部

あとがき

戦後の日本では、宗教とジャーナリズムは互いに最も遠いところにある存在でしょう。戦前の国家神道への反発から、マスコミが宗教を積極的に報道することは基本的にないからです。

本書は「宗教ジャーナリズムとは何か」を書いたものでもあるので、現代日本では水と油のような関係にある宗教とジャーナリズムを、一つに融合しようとするイノベーションであるかもしれません。

ジャーナリズムの役割は一般的には権力監視と権力批判で、いわば「責任を問う（追及する）」ことです。こうしたジャーナリズムと宗教を融合するということは、愛や悟りといった宗教的な価値観をジャーナリズムの中にとり入れていくことを意味します。

「愛のジャーナリズム」「悟りのジャーナリズム」という言葉には現状、多くの方は違和感を持つと思いますが、やがてはなじんでくることでしょう。それは、現代や未来の人々の幸福に対して「責任を負う」ジャーナリズムが当たり前になったときのことだと思います。

と同時に、「徳あるジャーナリスト」も誕生することになるでしょう。今の時点では言語矛盾のように感じますが、これこそが理想のジャーナリストのあり方であり、「ソクラテス的人間」が一つの目標であると考えます。まさに「愛と勇気のジャーナリズム」です。

本書で幸福の科学的なジャーナリズムや言論の目指すところをある程度整理してみました。ジャーナリズム論という切り口ではありますが、そこから幸福の科学やHSU、幸福実現党が何を目指しているかということの一端も見えてくると思います。幸福の科学グループが取り組んでいるユートピア建設運動を理解いただくために役立てたら幸いです。

なお、本書の執筆にあたっては、第一章、第三章、第四章を綾織が、第二章は

HSU出版会の村上俊樹さんが担当しました。

予定している続編『愛と勇気のジャーナリズムⅡ【マスコミ改革編】（仮題）』は、里村英一・幸福の科学専務理事（広報・マーケティング企画担当）らも加わって作成中です。ぜひご期待ください。

二〇一六年三月一日

「ザ・リバティ」編集長

ハッピー・サイエンス・ユニバーシティ　ビジティング・プロフェッサー

綾織次郎

愛と勇気のジャーナリズム

「ソクラテス的人間」を目指して

2016年3月17日　初版第1刷

編著者　綾織 次郎

発行　HSU出版会
〒299-4325 千葉県長生郡長生村一松丙4427-1
TEL（0475）32-7807

発売　幸福の科学出版株式会社
〒107-0052　東京都港区赤坂2丁目10番14号
TEL（03）5573-7700
http://www.irhpress.co.jp/

印刷・製本　中央精版印刷株式会社

落丁・乱丁本はおとりかえいたします

ISBN978-4-86395-772-5 C0030

写真 ：© Anastasios71 / Shutterstock.com

編著者＝**綾織 次郎**（あやおり・じろう）

幸福の科学常務理事 兼「ザ・リバティ」編集長 兼 HSUビジティング・プロフェッサー。
1968年、鹿児島県生まれ。一橋大学社会学部卒。産経新聞に入社後、政治部や首相官邸、自民党などを担当し、2001年に幸福の科学に奉職。「ザ・リバティ」編集部で主に政治、国際政治などの分野を担当し、2010年から編集長。著書に『「奇跡」の日本近代史』（HSU出版会）『GDPを1500兆円にする方法』（幸福の科学出版）。HSUでは「現代ジャーナリズム研究」などの授業を担当。

第二章担当＝**村上 俊樹**（むらかみ・としき）

HSU経営成功学部レクチャラー 兼 HSU出版会部長。
1968年、愛知県生まれ。明治大学商学部卒。経済誌記者、金融経済新聞記者などを経て、1998年に幸福の科学に奉職。「ザ・リバティ」編集部の編集デスクなどを経て現職。編著書に『HSUテキスト11 経営成功総論Ⅰ（上）』『HSUテキスト13 経営成功総論Ⅰ（下）』（共編著。HSU出版会）。HSUでは「編集・デザイン実習Ⅰ・Ⅱ」などの授業を担当。

学部のご案内

人間幸福学部

人間学を学び、新時代を切り拓くリーダーとなる

人間の本質と真実の幸福について深く探究し、
高い語学力や国際教養を身につけ、人類の幸福に貢献する
新時代のリーダーを目指します。

経営成功学部

企業や国家の繁栄を実現する、起業家精神あふれる人材となる

企業と社会を繁栄に導くビジネスリーダー・真理経営者や、
国家と世界の発展に貢献する
起業家精神あふれる人材を輩出します。

未来産業学部

新文明の源流を創造するチャレンジャーとなる

未来産業の基礎となる理系科目を幅広く修得し、
新たな産業を起こす創造力と起業家精神を磨き、
未来文明の源流を開拓します。

未来創造学部

2016年4月
開設予定

時代を変え、未来を創る主役となる

政治家やジャーナリスト、ライター、俳優・タレントなどのスター、
映画監督・脚本家などのクリエーターを目指し、国家や世界の発展、
幸福化に貢献できるマクロ的影響力を持った徳ある人材を育てます。

キャンパスは東京がメインとなり、2年制の短期特進課程も新設します（4年制の1年次は千葉です）。2017年3月までは、赤坂「ユートピア活動推進館」、2017年4月より東京都江東区（東西線東陽町駅近く）の新校舎「HSU未来創造・東京キャンパス」がキャンパスとなります。

入会のご案内

あなたも、幸福の科学に集い、ほんとうの幸福を見つけてみませんか？

幸福の科学では、大川隆法総裁が説く仏法真理をもとに、
「どうすれば幸福になれるのか、また、
他の人を幸福にできるのか」を学び、実践しています。

入会

大川隆法総裁の教えを信じ、学ぼうとする方なら、どなたでも入会できます。入会された方には、『入会版「正心法語」』が授与されます。（入会の奉納は1,000円目安です）

ネットでも**入会**できます。詳しくは、下記URLへ。
happy-science.jp/joinus

三帰《さんき》誓願《せいがん》

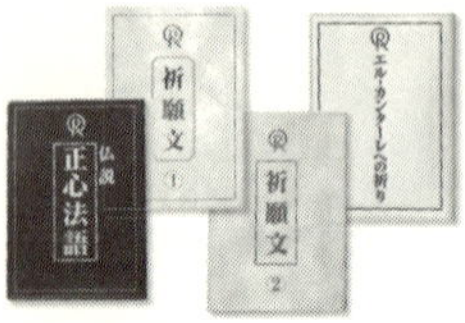

仏弟子としてさらに信仰を深めたい方は、仏・法・僧の三宝への帰依を誓う「三帰誓願式」を受けることができます。三帰誓願者には、『仏説・正心法語』『祈願文①』『祈願文②』『エル・カンターレへの祈り』が授与されます。

植福《しょくふく》の会

植福は、ユートピア建設のために、自分の富を差し出す尊い布施の行為です。布施の機会として、毎月1口1,000円からお申込みいただける、「植福の会」がございます。

「植福の会」に参加された方のうちご希望の方には、幸福の科学の小冊子（毎月1回）をお送りいたします。詳しくは、下記の電話番号までお問い合わせください。

月刊「幸福の科学」

ザ・伝道

ヤング・ブッダ

ヘルメス・エンゼルズ

INFORMATION	幸福の科学サービスセンター TEL. 03-5793-1727（受付時間 火～金：10～20時／土・日・祝日：10～18時） 幸福の科学 公式サイト happy-science.jp